武士道的　一日一言

新渡戸稲造＝著／山本史郎＝解釈

朝日文庫

本書は二〇一七年七月、小社より刊行されたものです。

序

日々教訓になるような格言を聞いて、その日一日の精神の糧とするのはとてもよいことで、外国では様々な形で行われている。我が国でも、近年そのような本が少なからず出版されている。私も数年前から、自分の助けとなった格言を集めて皆さんと分かち合いたいと願っていたが、その暇がなく実行にいたらなかった。ところがこの秋怪我をして湯治のため某所に滞在したところ、はからずもある青年の痛ましい経験を耳にし、それをきっかけに急にこの本の執筆を決意した。

この種の本で現在よく見かけるものには、キリスト教を下敷きにしたものが多く、教理を知らない者にはぴんとこない。また、外国のものをそのまま翻訳したものもあるが、西洋思想に親しんでいる人でなければ理解しにくい言葉が用いられていることが多い。

本書がそのような類書と異なっている点、あえて「長所」と言わせていただきたい点は、文章が簡潔で易しく、短いというところである。これはもっぱら誰にでも分かるということを念頭においたためで、おそらく義務教育の課程を終えた人なら楽に読んでいただけるだろう。また短いということについていうなら、一日分を声に出して高らかに読み上げても一分とかからないはずだ。これは皆さんが朝食後仕事に行く前、すなわち食卓を離れる直前に、一人で読まれたり、あるいは家族みんなで読まれたりされることを願ってのことである。

ひるがえって考えるに、これははたして「長所」であろうか？　むしろ「短所」とでもいうべきか。もしも皆さんがこれ以上長文のもの、あるいは高尚なものを常時読むことができるなら、この本は捨て去って、そちらから日々の糧を得てくださることを願っている。

新渡戸稲造

目次

本書は、大正4年に初版刊行されたものです。
当時の表現をほぼそのまま表記、解釈しているため、
一部、誤解を招くものがあります。

帯・本文扉デザイン　杉山健太郎
編集協力　佐藤麻美子

武士道的 一日一言

1
月

1月1日　はじめの一歩

はじめの一歩をふみだすことは、道の半分を行くのと同じである。何事でも最初が肝心。花は芽できまる。三歳のころの自分が、大人の自分を作る。今日思ったことが、今年の成果として実るのだ。

ひととせを皆今日《こんにち》の心地して
のどかに世をも過*してしがな
（伊藤仁斎**）

＊ 過ごしたいものだ
＊＊ 江戸時代の儒学者（１６２７－１７０５）

1月2日　人生は心で歩く

今年の秋は雨が降るか、台風がくるか予想などたたないが、今の決心と、今の努力を続けるなら、一年を旅する間に山があっても乗り越え、川があっても渡ることができよう。人生は現実の旅のように足ではなく、心で歩いていくものだ。

一生は旅の山路と思ふべし
平地《ひらち》はすこし峠*沢山《たくさん》

* 峠はたくさんある

1月3日　ひもは日々しめ直す

きのう結んだひもが、今日見ればもう緩んでいる。こんなことなら明日になればほどけるのではないかと心配だ。最明寺時頼*も、

いくたびか思ひさだめて変《かは》るらん
頼むまじきは我が心なり

とうたっていて、決心を実行することの難しさを嘆いたが、結んだひもは、日々新たな気持ちでしめ直せば、かたく縛れてくるものだ。

* 北条時頼。鎌倉幕府の第5代執権（1227–63）

1月4日　覚悟と鍛錬

正平三年（西暦一三四八年）の今日は、私が武士道のかがみと仰ぐ若武者、楠正行《まさつら》*が四條畷《しじょうなわて》の戦いで奮戦し、かねてから思いさだめていた最期を迎えた日である。一度決心した以上は、命を投げ出す覚悟のあるのは当然だが、これは自暴自棄とはちがう。正行は日ごろからこころがけて身心を鍛え、それを主人にささげたのだ。

かへらじとかねて思へば梓弓《あずさゆみ》**
なき数***に入《い》る名をぞとどむる
（楠正行）

＊　南北朝時代の武将（１３２６？－４８）。楠正成の長男
＊＊　梓の木で作った丸木の弓
＊＊＊　死者としての名前を刻んでおこう

1月5日　こころ

一　心の中に邪念があると心はせまっくるしく、体もきゅうくつだ。邪念がないと心が広くなり、体もゆったりとする。

一　心の中で我慢していると愛想が悪くなる。我慢がなければ愛想がよい。

一　心に欲がなければ、何が正しいかを考える余裕がある。欲があれば、ものごとの正しさを忘れる。

一　心に見栄があれば、嘘がつきたくなる。見栄がなければ、嘘もない。

（徳川家宣*）

＊江戸幕府第6代将軍（1662－1712）

1月6日　質素のすすめ

社会的地位が高いから偉そうな顔をする。財産が多いからむだな贅沢をする。だから、質素な生活をするにかぎる。金や地位が幸福をもたらすわけではない。むしろ心配の種になる。

事足らぬ身をな恨みそ鴨《かも》の足の*

短うてふぞ浮かむ瀬もあれ （夢窓国師**）

* 恨んではいけない

** 夢窓疎石。鎌倉時代末期から室町時代初期にかけての臨済宗の僧（1275－1351）

1月7日 意志は人なり

今日（西暦一七六九年）はナポレオン*が生まれた日である。ものごとを行う意志さえあれば、不可能なことは何もないというのがナポレオンの信念だった。いささかゆき過ぎの感はあるが、大英雄であることはまちがいない。意志は人なり、というべきか。

孟子**も「求めれば得ることができる。あきらめれば失う」と述べた。そして「門をたたけば開かれる。求めればかならず与えられる」と言ったのはキリストである。

* フランス第一帝政の皇帝（1769－1821）。誕生日は8月15日の間違いか

** 中国、戦国時代の思想家（前372頃－前289頃）

1月8日　新しい目標

新しい目標をたてると、かならず新しい問題が生じて、思わぬ妨害を受けるものだ。禁酒をはじめると、最初は酒の香りに妨害される。信仰をあらためた者は、かつての仲間からいじめられる。自分で設計した家でも、居心地よくなるまでは時間がかかる。

武士《もののふ》のとり伝へたる梓弓《あずさゆみ》
　引き*ては人のかへるものかは
（梶原景時**）

＊　一度弓を引いたら帰ることはない
＊＊　平安時代末期から鎌倉時代初期にかけての武将（１１４０?－１２００）

1月9日　仕返しのかわりに真心を

たとえ人が怒って自分を傷つけても、こちらからは仕返しをせず、逆に真心をもっ

て接し、ていねいに対応すれば、どんな人でも木や石でないのだから、こちらの人徳が伝わるだろう。（北条時頼）

明治天皇御製*

天を恨み人を尤《とが》むることはあらじ
　わがあやまちを思ひかへさば

＊第122代天皇（1852－1912）。在位1867－1912

1月10日　感謝は金

ありがたいと思う気持ちは、心の外にあるのではない。苦しくても、ありがたいと心の中で思えばすぐにありがたくなる。いやなことも、面倒なことも、生も死もすべて同じだ。感謝の気持ちで、鉄も鉛も黄金に変えることができる。

箸《はし》とらば主人や親の恩を知れ
　わが一力《いちりき》で喰《く》ふと思ふな

飢えて死ぬ人の多かる世の中に

箸とるたびに思ひ出《い》だせよ

1月11日　待てば海路の日和あり

人の心も社会のできごとも、その根本から考えてみると、もともと悪いものではない。それにもかかわらず、人は悩みをかかえることがある。それは自分に何か足りないところがあるからだ。もしくは、たまたま風向きが悪いだけのこと。じっとがまんすれば、そのうち流れが自分の方に向いてくるものだ。

世の中を思ひ廻《まは》せば摺鉢《すりばち》の
甘い日もあり辛い日もあり

1月12日　人の痛み

他人《ひと》の苦しみや楽しみは一応理解できるが、それがどの程度のものなのかは想像しがたい。同じ病気にかかっても、どれほど苦しいかは人によってちがう。一緒に愉快な経験をしても、どれだけ楽しいかは人さまざまだ。分かったつもりになって、他人《ひと》の苦痛について軽々に語ってはならない。

身をつめば人の痛さの知らるれど
浅き深きは知るよしもなし

1月13日 世の習い

むかし一人の若者がいた。美男子なので主人に可愛がられた。あるとき桃を食べたところ、とても美味しかったので、自分が食べた残りを主人にすすめた。そのときは主人思いのよい心がけだとほめられたものの、後になって主人のおぼえが遷《うつ》ろうと、無礼なやつだといって殺された。親しさのあまり気を抜いて、馴れなれしくしすぎるとこのようになる。（向月庵桃二*）

世の中は得《とく》して人にほめられて
損して人に笑はるるなり

* 不詳

1月14日　力の源は見えぬもの

すべて世の中のことは、目に見えないところに力の源泉がある。船が進むのは船底に備えている動力のおかげだ。人の胃や腸も、外からは見えない。英雄が力を発揮するのも、ひそかに妻が支えていることが多い。桜の花は春の一瞬に、はなやかに咲き誇るが、地面の下の根は冬がきても死ぬわけではない。

年毎《としごと》に春を知りてや梅桜
木を割りて見よ花のありかを

1月15日　利他

この世に生まれたいちばんの目的は人に尽くすことである。自分のために名誉や利益をえることではない。生まれてから死ぬまでの間に、自分の周囲の人がほんの少しでもよくなれば、それだけで生まれてきたかいがあるというものだ。

君のため民のためぞと思はずば
　雪もほたるも何かあつめん
なべて世の民の愁《うれい》の深き江*に
　身をつくしても救ひてしがな
（藤原師兼《もろかね》**）

* 救いたいものだ
** 花山院師兼。南北朝時代の公卿、歌人（生没年不詳）

1月16日　里帰り

今日は藪入《やぶい》り*の日。一年にそう何度もあるわけではない。主人も喜んでこの日をお祝いすべきであり、雇われている側の人たちはこの一日の自由を活用して、楽しく過ごすのがよいだろう。後になって後悔するようなことをしないよう心がけたいものだ。父母や親戚、あるいは恩人などのもとを訪れるのは、もっともよい過ごし方だ。

使う人使はるる人もろともに

力合はせてかまのふた開《あ》け

＊　正月と盆に奉公人が主人から休みをもらって里帰りなどをした、昔の習慣

1月17日　知行一致

（西暦一七〇六年の）今日はフランクリン＊が生まれた日だ。この人こそ、学問と実生活をみごとに融合した人物といえる。高度な学問的成果を日常生活に応用し、深い真理をみずから体現した人である。＊＊知行一致《ちこういっち》という言葉がある。何かを知ったらすぐにそれを実行するというのは難しいことだが、やってできないことではない。

道聞いて心の花は開けども
　その実となれる人は少《すくな》し

＊　ベンジャミン・フランクリン。アメリカの政治家、科学者、発明家（1706-90）
避雷針を考案した

＊＊　知識と行動に食い違いがなく、知識を行動に移すこと

1月18日　道芝のごとく

大小どんなことであれ、かりにも何事かを行おうと思えば、どこかから反対が出るのは覚悟しておかねばならない。バカだと罵《ののし》られ、乱心者だと言われ、悪人だと恐れられ、偽善者だとせせら笑われる。これは試験だと思えばよい。合不合は、ひたすら我慢できるかどうかできまる。

踏まれても根づよく忍べ道芝《みちしば》*の
やがて花咲く春は来ぬべし

＊道端の草

1月19日　一筋の光

何もあてにしていなかったのに、ふと心を吹き抜けるさわやかな風。真っ暗闇なのに、どこかの隙間から差してくる一筋の光。四方八方から私を責める声でいっぱいなのに、私に同情してくれるかすかな声。それはいったい何だろう？　どこからやってくるのかは分からないが、私の心に届かせようとしてくれていることはまちがいない。人生、失望などしている場合ではない。

1月20日　誠の道

人の世話をすれば「親切なふりをして」と言われ、本を読んでいれば「学者きどりだ」と言われ、何かを主張すれば「ちょこざいな」と言われ、もっと真面目にやろうよと言えば「何様のつもりだ」と言われる。他人の陰口にびくびくしていると、電車で席もゆずれないし、本屋で本も買えない。人生でいちばんまずいのは、心の命じるがままに行動しないこと。よいことを行うのに何も遠慮はいらない。

かたくなと笑へば笑へ真直《まっすぐ》な
　誠の道を行《ゆ》ける此の身を

1月21日　驕るべからず

寿永《じゅえい》三年（西暦一一八四年）の今日は、*木曽《きそ》義仲《よしなか》が気の毒なことに三十一歳で戦死した日だ。義仲が不遇の死をむかえたのは、勝ち戦をよいことに得意の絶頂となり、やりたい放題をやり、身分の上下もわきまえず、法にもとり、道理の通らぬことを平気でおこなったためである。少し成功すれば、そのとたんに偉ぶった顔をし、身の丈を忘れて自分の欲望を押し通そうとする。人を縛ろうとする縄で、自分の首をしめてしまうのだ。

勇気とは我が人欲《にんよく》のわたくしに
　ちつとも負けず勝ちぬくをいふ
油断こそ大敵なりと心得て
　堅固《けんご》に守れおのがこころを

＊ 源義仲。平安時代の武将（1154−1184）

1月22日　駄目な人

誰かが自分をほめているのを聞くと、いくらなんでもほめすぎだと思っても、嬉しがって自慢する。けなされると、当たっていればびっくりし、根拠のないことなら怒る。あやまちを犯してもていよくごまかし、まちがったことをしても反省しない。どんな人間なのかはみんなにばれていて、心底から悪人だと言われているのに、自分だけはうまく世間から隠しおおせていると思っている。自分の欲望が絶対で、人にいさめられても聞く耳をもたない。（熊沢蕃山*）

＊江戸前期の陽明学者（1619―91）。京都の人。幕府批判のため獄中死した

1月23日　一と先は聞け

たとえ主義主張や信念が一八〇度ちがっていても、心に嘘がなく、真理を求める人はすべて兄弟、仲間である。みなでそろって、高い嶺に輝く月を見るときがきっと

くるだろう。真理の獲得を目的とし、誠実な心をもって出発するなら、たとえたどる道筋がちがっていても、達するところは同じだ。私心《わたくしごころ》が入れば議論が感情的になり、平気で白を黒といい、黒を白というようになる。

識見《しきけん》は持たねば人の云はぬもの
　気に入らずとも一《ひ》と先《まず》は聞け

1月24日　小さな種

西暦一七一二年の今日はフレデリック大王*が生まれた日だ。フレデリックの大きな志と大きな業績は、いまになってその影響が目に見えるかたちで現れはじめている。ものごとの偉大さは結果があらわれてはじめて理解できるものだ。結果がどれくらい広範囲にまで影響を及ぼすか、どれくらい長く持続するかは予想がつかない。一粒の種子《たね》が百となり、千、万と増える速度は計ることができても、人の思いの種子《たね》が広がるさまを予測することは不可能だ。

　今ぞ知る冬に籠《こも》れる草も木も

花に咲くべき種しありとは

＊　フリードリヒ2世。プロイセンの王（1712－86）。啓蒙専制君主

1月25日　月

延喜《えんぎ》元年（西暦九〇一年）の今日は、＊菅原道真が太宰府《だざいふ》に流された日である。きのうまで飛ぶ鳥を落とす勢いだったが、瞬時にして雲間に隠れてしまった。だが、月が永久に隠れてしまうことはない。月は俗な世間などにまったく未練がない。つかのま雲におおわれて都を去ることになったが、都にとどまる者には愛を残していった。

＊＊東風《こち》ふかば匂ひおこせよ梅の花
　あるじなしとて＊＊＊春な忘れそ
君が住む宿の梢《こずえ》をゆくゆくも
　＊＊＊＊かくるるまでに顧《かえり》みしはや
（菅原道真）

＊　平安前期の学者、政治家（845－903）。没後、学問の神、天満天神としてまつられた

＊＊ 東からの風

＊＊＊ 春を忘れるな

＊＊＊＊ （月が）隠れてしまうまでにふり返ってみよう

1月26日 松尾芭蕉

元禄七年（西暦一六九四年）の今日は、松尾芭蕉*が亡くなった日である。芭蕉の十七文字には深い智を感じるが、それは単に文学上の技法がすぐれていたからなしえたのではない。芭蕉という人間、その心がけ、日頃の修養がそこににじみ出ているのである。芭蕉はこのように述べている。

わずか一字でも、教えてくれた先生の恩を忘れてはならない。たったの一句でも、その表現が用いられている理由を理解せずに人を教えてはならない。人に教えるのは、自分を完成させてからにせよ。

＊ 江戸前期の俳人（１６４４－９４）。伊賀上野の生まれ。紀行文『おくの細道』が有名
実際に亡くなったのは10月12日か

1月27日　源実朝

承久《じょうきゅう》元年（西暦一二一九年）の今日は、むごくも実朝が殺された日である。文武のどちらにも抜きん出ていた右大臣実朝は、個人的な恨みのあおりを食って、あたら若い命を摘まれてしまったが、その心のさまは和歌にとどめられている。実朝の自然観、人生観、男らしくて優しく、いさぎよくて忠実、凛《りん》としたその心のたたずまいは、いまなお我々の心に勇気をくれる。

大海《おほうみ》の磯《いそ》もとどろに寄する浪《なみ》
　われて砕けてさけて散るかも
山は裂け海はあせなん世なりとも
　君に二心《ふたごころ》我があらめやも　（源実朝）

＊　源実朝。鎌倉幕府第3代将軍（1192―1219）。『金槐和歌集』が有名

1月28日　人の悪しきは我悪しきなり

他人《ひと》のすることが気に食わない、ということがよくある。だが、それは他人が悪いのではない。気に食わないと思っている自分のほうが悪いことが多い。他人を許容する度量がないようなちっぽけな自分こそが、お笑い草なのである。

善し悪しは人にはあらで我にあり
人の悪《あ》しきは我悪《わがあ》しきなり
人の我れに辛《つら》きも人をとがめずて
我が身のわろき影とこそ知れ

1月29日　僧正遍昭

寛平《かんぺい》二年（西暦八九〇年）の今日は、僧正遍昭《へんじょう》*が亡くなった日である。
頼まれもしないのに勝手に首をつっこんで失敗すると、自分の軽はずみのせいだと思わないで、相手に騙されたのだと思ってしまうものだ。前へ進むまえに、目の前の道をとっくりと見ておけ。口を開くまえに、相手がどのような人なのかを熟慮せよ。

蓮葉《はちすば》の濁《にご》りにしまぬこころもて
　何かは露を玉《たま》とあざむく　（僧正遍昭）

＊平安前期の僧、歌人（816－890）。六歌仙、三十六歌仙の一人

1月30日　夫婦仲、親子仲

家族の仲がよいのは他人がみても気持ちのよいもので、夫婦と親子が仲良く暮らして、はじめて平和な世の中となる。家がきちんとして、はじめて国がしっかりする。人に羨《うらや》まれるほど夫婦の仲がよいのは、国家に貢献しているのである。

楽しみは春の桜に秋の月
　家内仲よく三度喰ふ飯

世を渡る道はと問はば兎《と》に角《かく》に

1月31日　抑の一字

飲食はできるだけ淡白にし、房事《ぼうじ》をできるだけ慎むのが、人としてよりよく生きる秘訣である。衣類をなるべく質素にし、身辺の品もなるべく粗末なものを用い、部屋もなるべく簡素なしつらえとする。これが家をきちんと維持するための秘訣である。贅沢への願望を抑え、好き放題にしたいという欲望を抑えること。国をあずかるような偉い人にとっても、自らの人生をよりよく生きたいと願っている人にとっても、「抑」の一字こそがもっとも重要な要である。（太田錦城*）

＊江戸時代後期の儒学者（1765－1825）。加賀の人。考証学を大成した

2月

2月1日　心の色

一事が万事という。なにげない一言、ちょっとした行いにも、その人の人間性がすべて露呈する。心にあることは必ずどこかで出てしまう。隠そうとしてもむだ。言葉や行いに気をつけるのではなく、心がけに気をつけなければならない。

さし出《いづ》る鉾先《ほこさき》折れよ物毎《ものごと》に
己《おの》が心を金槌《かなづち》として
心とて人に見すべき色ぞなき
ただ行《おこなひ》と言《こと》の葉《は》に見ゆ

（鈴木正三《しょうさん》*）

＊江戸時代初期の僧侶で、仮名草子作家（１５７９－１６５５）

2月2日　疑うよりも信ぜよ

人の心の中を疑うのは愚の骨頂である。心は二重三重の箱よりも深く隠された宝のようなものだから、外からはうかがい知れない。いかにも人の心を読んだような顔をして、人の動機について聞いたふうなことを言うのは賢そうに見えるが、読み違えると人をだますことになる。疑うよりも信じるのがよい。疑ってだますより、信じてだまされるほうが千倍も貴い。

悪くとも善くともいかで云ひ果てん
折々《をりをり》かはる人のこころを

2月3日　小人《しょうじん》の尺度

他人のことを無学だといって馬鹿にする人は、学問の深さに触れたことのない人だ。他人のことをケチだといって軽蔑する人は、自身がケチな人だ。他人のことをバカだという人は、その人自身、賢い人ではない。自分の弱点が無意識のうちに心を囚えて、それが他人をはかる尺度になってしまうのだ。

何事も知らぬが仏*いいったとは
未だ凡夫《ぼんぷ》の時の名なりし

＊「知った」と釈迦の俗名「シッダールタ」をかけている

2月4日　花はこころ

顔がよいとか悪いとかは、表情できまる。鼻が低くても、色黒でも、心がまっすぐで高貴であれば、立ち居振る舞いはいうまでもなく、顔にも品のよさがあふれ出る。肉体の美しさとは静止した状態ではなく、動作のことである。瓜実《うりざね》顔で鼻筋の通った美人でも、性格が悪ければ鬼の顔になる。肉体が十分でなくても、心が補ってあまりあるのだ。

色黒く顔の悪しきは生まれつき
　直せば直る心なほせよ
形こそ深山《みやま》がくれの朽木《くちき》なれ
　心は花になさば成りなむ

2月5日　十七条の憲法

推古天皇*の三十年（西暦六二二年）の今日は、聖徳太子**が薨去《こうきょ》された日である。太子の十七条の憲法の中に、このような一条がある。

怒った顔をやめ、心でも怒るのをやめよ。人がさからっても怒るべからず。人間にはそれぞれこだわりがある。自分にとっての善は人にとって悪、人にとっての善は自分にとっては悪かもしれない。自分だけが賢いわけでなく、人がみな愚かというわけでもない。自分も人も、みんな普通の人である。何が善で何が悪か、絶対的真理などない。

＊　第33代天皇（554－628）。敏達天皇の皇后。崇峻天皇が蘇我馬子に殺された後に即位

＊＊　用明天皇の皇子（574－622）。推古天皇の摂政として、十七条の憲法を定めた

2月6日　ほんとうの優しさ

たとえ一円の施《ほどこ》しすらできなくても、心だけは、貧しい人にたいする同情心を忘れてはならない。ただお金をめぐむだけなら、それは慈善ではなく、逆に受け取る方の人を乞食にしてしまう。お金であたえることのできない優しさこそが、ほんとうの優しさだ。お金を施すときには、財宝を施す以上の気持ちを伴っていなければならない。

墨染《すみぞめ》の我衣手《わがころもで》の広くありせば
世の中の貧しき人を掩《*おほ》はましもの

＊包んであげたいものだ

2月7日　幸せ

心が満たされていない人は幸せである。天国はそうした人のものだから。心に悲しみを持っている人は幸せである。慰めをえることができるから。心の穏やかな人は幸せである。地を受け継ぐことになるから。正しい道を渇仰《かつごう》する人は幸せである。満ち足りる心を知ることができるから。

（キリスト）

2月8日　善と悪

この世界と、そこに生きるすべての生き物の主である神が、人に宿っている。それが心である。それゆえ、心は生き物であり、常に明々《あかあか》と輝いている。心がものに感じて動くとき、それを「意」と呼ぶ。心が動いて、人の気分が支配的になった場合、それは善にも悪にもなる。自然から生じて、人の気分に左右されないのが「仁」であり、それが「善」である。人の気分から生じて、自然のありように反するのが「悪」である。一人の個人のものにすぎないからである。

そことなくそよぐ難波《なには》の浦**風に
よしあし*のみやみだれそむらん

（三輪執斎《しっさい》***）

* 水辺の植物「葦、芦」と「善し悪し」をかけている

＊＊　乱れ始めるのだろうか

＊＊＊　江戸時代中期の儒学者（１６６９−１７４４）

2月9日　負け上手

愛するものを失って無念なのはあたりまえだが、愛してもいないことについて、無念がることがある。それは負けることである。負けるだけでもいやなのに、いつまでも無念がっていては、負けの度合いがいっそう大きくなる。勝負事でも、勝つことがいちばん大事なのではない。どんな場合でも、潔くふるまうことが大事なのだ。それは人生でも同じこと。きたない勝ち方をするより、きれいに負けるのがよい。

負けて勝つ智慧《ちえ》の力の強さには
誰《た》れも感心するぞ韓信《かんしん》＊

＊　中国秦末から前漢時代にかけての武将（前２３０頃−前１９６）「恥は一時、志は一生」といって潔く負けた逸話（「韓信の股くぐり」）で有名

2月10日　天成の個性

人はそれぞれ天成の個性を発揮すべきである。それをおさえて、がらにもない野心を燃やしてはならない。三角のものには三角の穴があり、円いものには円い穴がある。狐は狐として役立てばよく、ただ人を騙さないよう心がけたい。馬がライオンになる必要はない。ただ、やたらに人を蹴とばさぬよう。

染色《そめいろ》の山もなき世におのづから
柳はみどり花はくれない
染めねども己《おの》が色々おのづから
松はみどりに雪は白たへ

2月11日　国

末の世の末の末まで我国は

よろづの国にすぐれたる国
定めにしその初《はじめ》より葦原《あしはら》の
国のさかえは神ぞ護らむ
国民《くにたみ》は一つ心にまもりけり
遠つ御祖《みおや》の神のをしへを
しき島や大和島根の朝がすみ
唐土《もろこし》までも春は立つらし

2月12日 リンカーン

西暦一八〇九年の今日、アメリカの片田舎でリンカーン*が生まれた。リンカーンは世界中の人びとが仰ぎ見るにふさわしい大人格者であった。誰に対しても悪意をもつことなく、すべての人に対して親しみ慈しむ気持ちで接し、公平無私の心で生涯をおくった。このような心は職業、地位にかかわらず、どんな人も持つことができる。政治や学術や商業の道で人と競い合うことがあっても、公平無私の態度をつらぬくなら、一時《いっとき》負けることがあっても、最後には必ず勝つ。人生の達人の勝負とはこのようなものだ。

明治天皇御製

浅みどり澄み渡りたる大空**の
ひろきを己《おの》が心ともがな

＊　エイブラハム・リンカーン。アメリカ合衆国第16代大統領（1809―65）
＊＊　大空のようにひろい心になりたいものだ

2月13日　お金

お金はけちんぼが思うほど貴重なものではないが、持たざる者がばかにするほど無用のものでもない。お金は正しく手に入れることはむずかしいがゆえに貴重である。不正にえたものは貴重ではない。正しく使うのはもっとむずかしい。正しくない使い方なら愚か者にだってできる。

千金を消費《つかう》はやすく一銭は

得がたきものとかねて知るべし

昭憲皇太后*御歌

持つ人の心によりてかはら**とも

玉ともなるはこがねなりけり

＊明治天皇の皇后（1849―1914）

＊＊瓦（価値のないもの）にも、玉（価値の高いもの）にもなるのはお金

2月14日　堅忍不抜

今日も一日同じところで同じ仕事をし、ただ機械のように動いているだけで、これじゃ何のために生まれたのか分からないなどと言い出すことがある。ようするに飽きがきているのだが、何かをはじめたら脇見をしてはいけない。堅忍不抜*の精神こそが成功の秘訣である。

思へ人かたきためしの巌《いはほ》にも

流るる水のあとは見えけり

（釈元政**）

千万石積み重ねたる米の山も
一つ一つの俵《たはら》より成る

＊　がまん強く耐え忍び、心がぶれないこと
＊＊　江戸時代に生きた日蓮宗の僧にして漢詩人（1623－68）

2月15日　徒然草

観応《かんおう》元年（西暦一三五〇年）の今日、吉田兼好＊が亡くなった。『徒然草』の一節である。

年を取ってから修行しようとのんきに構えていてはいけない。古い墓の多くは、若くして死んだ人のものである。思いもかけずに病を得て、もうすぐ世を去ろうとしてはじめて、それまでの人生がまちがいだったと気づくものだ。まちがいというなら、むざむざ過ごしてしまったことを悔やむことこそ、その最たるものだ。そんなときになって悔やんでも何にもならない。

＊　鎌倉時代末期から南北朝時代にかけての役人、歌人、随筆家（1283頃－1352頃）

日常の思いや出来事を冷めたリアリストの目で記した随筆集『徒然草』で有名

2月16日　西行法師、日蓮上人

今日は名僧に縁のある日である。建久元年（西暦一一九〇年）には西行法師*が亡くなり、その三十三年《原文ママ》後の貞応《ていおう》元年（西暦一二二二年）には日蓮上人**が生まれた。この二人の性格が両極端といえるほど隔たっているのは、宗教の懐の広さを物語っている。宗教はそれぞれの人が持って生まれた性格のままにふるまうことを許しつつ、心を統一してくれる。

梢《こずえ》吹く風の心はいかがせん
　したがふ花の恨めしきかな
（西行法師）

心からよこしまに降る雨はあらじ
　風***こそ夜半《やわ》の窓をうつらめ
（日蓮上人）

* 平安時代末期から鎌倉時代初期にかけての武人、僧侶、歌人（1118―90）
鳥羽院に仕える武士だったが出家して諸国を放浪しながら歌を詠んだ。歌集『山家集』が有名

＊＊　鎌倉時代の僧で、日蓮宗の宗祖（1222―82）

＊＊＊　夜中に窓がなるのは、（雨ではなく）風のせいである

2月17日　梅とうぐいす

梅は花の世界の聖人である。色も香りも花も実もすべてすばらしい樹《き》は、梅をおいてほかにない。それを知ってか、うぐいすははるばる遠くからやってくる。聖人との高雅な交わりを喜んでのことだろう。自分は聖人でなくても、聖人の言葉と自然の声を楽しむことのできる心を持ちたいものだ。

枯れはててしかも花咲く梅が枝に
　声をもたてずうぐひすの啼《な》く　（月菴禅師＊）

＊＊草も木も己《おの》が心と知ればただ
　一つに尽くす道の広さよ

＊　月菴宗光。室町時代の臨済宗の僧（1326―89）

＊＊　草にも木にも心をとめれば、一本の道もゆったりとした気持ちで進むことができる

2月18日　禍福

何が幸福で、何が不幸であろうか? きのう深い淵《ふち》だったところが今日は浅瀬になる、変転きわまりない世の中なのだから、何が幸福で何が不幸かを決めつけることに、どんな意味があるというのか。どんなことであれ、自分の身におきることはすべて天からの贈り物だと思えば、他人の目には災難でも、自分にとっては至福である。幸福と不幸をはかる尺度は自分の心の中にある。

世の中は何か*つねなる飛鳥川《あすかがわ》
きのうの淵ぞ今日は瀬になる
（古今集**）

* 「何か常なる」＝何も不変なものはない

** 『古今和歌集』。醍醐天皇の勅命によって編まれた和歌集（905）。紀貫之による「仮名序」が有名

2月19日　大塩平八郎

天保八年（西暦一八三七年）の今日は、大塩平八郎*が大阪で乱をおこした日である。このやりかたはいただけないが、「知行一致《ちこういっち》」をめざした行動であった。自分の胸に手を当ててみて、心に「自分」の二文字がなければ、成功・不成功は別として、行動をおこす勇気は大いにお手本にしたいものだ。とりわけ、貧しい人々への同情心にかられて立ち上がった大塩平八郎の心意気は、未来永劫《えいごう》、尊敬にあたいする。

＊　江戸時代後期の儒学者（1793－1837）。大坂町奉行組与力だったが、大塩平八郎の乱を起こした

2月20日　人に尽くすこと

自分はこんなに尽くしているのに、相手は分かってくれないといって恨むのは人間だれしもあることで、親子、兄弟、夫婦の間でもおきる。さぞかし相手も同じように思っていることだろう。人を愛しても相手が愛情を返してくれないのは、自分の愛が足りない証拠だと思うべきだ。自分の気遣いに応じてくれないから、尽くす価値がないと決めつけるのはまちがい。逆に、尽くす余地があるのだと思わなければならない。

我が恩を仇《あだ》にて返す人あらば
　またその上《うへ》に慈悲をほどこせ

2月21日　六憎

〈六憎〉といって、みにくいことが六つある。自分の言葉に酔いしれること、やたらに知ったかぶりをすること、人にものをやって恩着せがましい顔をすること、もの惜しみすること、欲がふかいこと、人をねたむこと。（柳沢里恭*）

憎むとも憎み返すな憎まれて
　憎み憎まれ果てしなければ

＊柳沢淇園《きえん》。江戸時代中期の武士、文人画家、漢詩人（1703－58）

2月22日　偉大なる凡人

西暦一七三二年の今日はワシントン*が生まれた日である。ワシントンが今なお神のように崇められているのは、神々しかったからではなく、あくまでも人間らしかったからである。ワシントンは偉大なる凡人である。とくに偉大だったのはその常識と誠意だ。この二つが備わっていたからこそ、戦場にのぞめば勝利をおさめ、議事堂に立てば人がなびいた。常識と誠意、誠意と常識。この二つがあれば鬼に金棒。

＊ジョージ・ワシントン。アメリカ合衆国の初代大統領（1732－99）

2月23日　隠れた勇気

外見は温厚で柔和なようすを見せながら、内には堅忍不抜で豪胆な心ぐみを構えている人は底力のある、真に強い人だ。女性にそのような人がよくある。下郎の勇気はけものにも備わっているが、本当の勇気、冷静沈着な心がまえは凡庸な者の目には見えず、深いところに隠れていて、思いもかけないときに現れ出るのである。

明治天皇御製

器には随《したが》ひながら岩《いわほ》をも
とほすは水の力なりけり

2月24日　防寒着

寒さきびしきおり、心を向けなければならないのは、自分ほど防寒の備えができていない人びとのことである。ただ気の毒がるだけでは何の役にも立たないと思うかもしれないが、衣服を欠く人が世の中にどれほどいるのか分からない以上、実際に服を分け与えるということは現実的ではない。また炭や薪の足りない家すべてにまかなうには、大きな山を伐採しても足りないだろう。だが、凍えている人に思いをはせるのは、自分だけ暖かければよいという気持ちをあらため、誰も凍えずにすむにはどうすべきかを考えていくための出発点となる。

昭憲皇太后御歌

あやにしき*とり重ねても思ふかな
寒さおほはむ袖《そで》もなき身を

＊　立派な着物

2月25日　品性

今日は天神祭の日、菅原道真公を記念する日である。学殖ゆたかでも人徳に欠け、人徳があっても学問がないのが世の常なので、菅原道真公のように学問も人徳も二つながらに備わっていたのはすばらしい。学問をおさめてから徳を高めるのは平地から高い山にのぼるようなものだ。それに対して人徳を備えた人が学問を深めるのは、山頂から麓《ふもと》へと下るようなものである。人の高下を決めるのは品性である。学問は人が使役する召使のようなものだ。

こころだに誠の道にかなひなば
祈らずとても神や守らん

2月26日　無用の人なし

「何の役にも立たないやつだ」などといって人をくさすことがあるが、それは適材適所ということを考えず、むりに何かさせようとしているのである。のこぎりに木を削れ、かんなに木を切れと言うにひとしい。使われる人がうまく仕事をこなせないのは、使う人の目が曇っているのである。『棄瑕録《きかろく》』に、「用いればすなわち棄てるべき人物はなく、短所を責め、完全を求めるなら、用いることのできる人物は天下になし」という言葉があるが、まさにそのとおりである。　（斎藤彦麿*）

＊江戸時代後期の国学者（1768－1854）

2月27日　仕事は明るくさっぱりと

しなければならない仕事なら、明るい気持ちで、さっぱりとすますべし。何事も気持よくはじめれば、すいすいとはかどり、疲れも少ない。いやだいやだと思うほど心の負担が大きくなり、いやいや行えば重労働になる。

早ければ為す事有りて身は安く
遅くて急ぐ道は苦しし
すべき事片付けるこそ善所なれ

せずに置く気はいつも苦しむ

2月28日　卑しさのきわみ

世間で名誉だとか、恥ずべきことだなどと言われる事柄についてよく考えてみれば、単に人聞きがよい、悪いというだけのことで、良心とはまったく関係のないものもある。高位高官となるのは出世であり、名誉なことだが、それをえようとする動機や手段によっては、むしろ恥ずべき場合もある。人と争って求める栄誉は、求めたその瞬間に恥辱となる。よいしょで手に入れた地位は、手に入れた瞬間に卑しさのきわみとなる。

諂《へつら》ひて富める人よりへつらはで
まづしき身こそ心やすけれ

（一休禅師*）

＊一休宗純。室町時代の臨済宗の僧、詩人（1394－1481）

2月29日　我がものと思へば軽し

二月は平年だと二十八日だが、うるう年だと二十九日ある。この一日、勤め人は損したといい、商人は得したという。同じ一日がこのように真逆の意味をもつのは、日々の仕事を自分のものと思うかどうかで決まる。

我がものと思へば軽《かろ》し笠の雪
（宝井其角《きかく》*）

＊　江戸時代前期の俳諧師（1661－1707）

3月

3月1日　自分をみがけ

一　人のあやまちを語らない。自分の功績を自慢しない。
一　病は口から入るものが多い。禍《わざわい》は口から出るものが少なくない。
一　人に施しをしても見返りを期待しない。受けた恩は忘れない。
一　他人を見て自分をみがけ。つらい経験は心をきたえてくれる。
一　水を飲んでも楽しめる人がいる。立派な服を着ても心晴れない人がいる。
一　月は出てくるのを待て。散っていく花を追ってはならない。
一　忠告は耳に入りにくい。良薬は口に苦し。

（中根東里*）

＊　江戸時代中期の儒学者（１６９４－１７６５）

3月2日　慈悲の目に憎しと思ふ人はなし

境遇のよしあしや年齢いかんに係わらず、どのような人についても、その人の心の中に入り込んで思いをはせれば、気の毒に思われるものだ。得意の絶頂にある政治家も、人気歌手も、高級車にのっている社長も、その車の運転手も、人殺しも泥棒も、その人の身になりきれば、例外なくかわいそうに思えてくるものだ。

慈悲の目に憎しと思ふ人はなし
科《とが》ある身こそ猶《なお》哀れなれ

3月3日　幼子の誠意

子どもたちがひな祭りを祝っているのを見ていると、幼子《おさなご》の優しい心をお手本にしたいと思う。大人物は赤子の心をいつまでも失わず、天国は幼い子どものような心でできているとのことだ。幼子がもっている天真爛漫で、人をだますことを知らない純真な心、透明そのものの誠意は、大人としてぜひとも真似たいところである。

明治天皇御製

思ふこと繕《つくろ》ふこともまだ知らぬ
おさな心のうつくしきかな

思ふことうちつけにいう幼子の[*]
言葉はやがて歌にぞありける

＊ 思っていることを遠慮なく言う幼子の言葉はそのまま歌である

3月4日 貧を招く

お金がないのはつらい。あまりに貧しいと思考力が低下し、自堕落になり、やる気も失せる。貧乏は人生で出会う災難の一つではあるが、その原因をたどれば自分自身の不心得にあることが多い。きちんと金を稼がず、貯金もせず、怠惰に暮らし、贅沢な生活をするから貧乏になるのである。

貧乏の神を入れじと戸を立てて
よくよく見れば我が身なりけり

精出して稼げば貧も追ひつかず
楽な世界となるは目の前

3月5日　求められたら与えよ

慶長十七年（西暦一六一二年）、キリスト教禁止令*が出されたが、現在では信仰は自由である。

目には目でつぐなえ、歯には歯でつぐなえというのを、君たち聞いたことがあるだろう。だが、私は皆に告げておく。悪にとり合ってはならない。君の右の頬を殴る者がいれば、左の頬をもそちらに向けよ。君を訴えて下着を取ろうとする者がいれば、上衣《うわぎ》もくれてやれ。君に一里の道を歩かせようとする者がいれば、いっしょに二里行ってやれ。何かを求められたら、与えよ。貸してほしいと言われても拒んではならない。　　（キリスト）

＊１６１２年及び１６１３年に江戸幕府によって、キリスト教の信仰並びに布教が禁止された

3月6日　気骨あれ

穏やかで人当たりがよいと人に好かれはするが、ぐにゃぐにゃで芯がなければ頼りにならない。自分にできないことをやすやすと請け合い、正しくないことまで気楽に引き受けてしまう人は、つかの間面白いやつだと思っても、生涯にわたって一緒に仕事することはできない。

ほどほどのふしなかりせば呉竹《くれたけ》の
直《なお》きも頼むかひやなからん　（伴蒿蹊《こうけい》*）

丸くとも一角《ひとかど》有れや人心《ひとごころ》
あまり丸きは掴《つか》みどころなし

＊　江戸時代中期から後期の国学者、歌人（1733―1806）

3月7日　羨むにあたいしないもの

お金や身分は羨《うらや》むにあたいしない。お金持ち、身分高き人には、それなりの悩みがある。貧しい者には想像もつかない気苦労や誘惑もある。最先端の装いをまとい、十本の指すべてに指輪をはめていても、豪邸の奥の部屋で夜も眠れず涙にむせんでいる女性も少なくない。

見ればただ何の苦もなき水鳥の
　足にひまなき我が思ひかな
（水戸黄門）*

＊徳川光圀。水戸藩の第2代藩主（1628－1700）。文化事業に尽力した名君として讃えられている

3月8日　願いごと

「天に神はいないのだろうか。この世に仏はいないのだろうか。こんなにお祈りしているのに願いがかなわない」などといって天を恨むのは、自分の真心のたりなさを告白しているようなものである。

祈りても験《しるし》なきこそ験《しるし》なれ
　いのる心に誠なければ

神仏に身をいっさい委ねるのではなく、これがほしい、ああしてほしいなどと願い事をするのはほんとうの信心ではない。神を店屋の主人とまちがえている。

3月9日　理想は近きにあり

〈理想〉と聞けば、遠くて高くて実現のむずかしいものを意味しているように感じられ、その実現に邁進しようとしても途中で一休みしたり、あきらめてしまったりすることも多い。だが、日々日常で話すこと、行うことのすべてが理想の一部を実現しているのである。だから、失望してはいけないのだ。

もろこしの山のあなたに立つ雲も
ここに焚く火の煙なりけり

3月10日　無題

今日は陸軍の日、つまり勇ましい記念日だ。この日に、日露戦争のおり奉天《ほうてん》*会戦で勝利をおさめた。奉天会戦と聞いただけで血が湧き踊るここちがする。しかし勇気は軍人の占有物ではない。人それぞれ勇気をもって自らの職務をつくすことが世のため人のためとなる。

明治天皇御製

国を思ふ道に二つはなかりけり
いくさの場《にわ》に立つも立たぬも

＊　1905年3月、日露戦争の会戦

3月11日　あちらを立てればこちらが立たず

治承三年（西暦一一七九年）の今日は、平重盛＊が亡くなった日である。重盛はつねに物事の正しさということに意を用いた人だった。父に対して子としてのつとめを果たし、主君に対して臣下の義務を尽くそうとしたものの、この二つを両立させることがむずかしく、そこに人生の矛盾を感じ、死をこいねがった。つねに正しい道を歩もうとする者にとって、義務と義務の衝突ほどつらいものはない。親につくすべきか夫に従うべきか、子どもを救うべきか兄を助けるべきかなど、二つの義務のどちらをたてるべきか迷うことがある。だが、同時に二つの義務を果たすことなどできない。一つの義務をまっとうして、その後でもう一つを果たすということでよいのである。

＊ 平安時代末期の武将、公卿（1138―79）平清盛の嫡男で後継者とみなされたが、父に先立って病没した

3月12日 日曜日

明治九年（西暦一八七六年）の今日、西洋諸国とおなじく日曜日を休日とする制度を取り入れた。日曜日は安息日、すなわち日常の仕事は行わず、それ以外の方面に心を遊ばせるべき日である。心を遊ばせるというのは、この世の俗な関心から心をひき離し、ほんの一時《いっとき》なりとも悠久に思いをはせる、すなわちゆったりとした余裕ある精神を養うのである。

3月13日　えせもの

「いいきみだ」というのは他人の不幸を喜んで口にする言葉だ。この言葉が湧き出してくる場所は、なんとせせこましく、ふけつな泥がたまったどぶ穴だろう。人を詛《のろ》わば穴二つ、ということわざがある。人が禍《わざわい》にあえばよいと願う心は、そう思った瞬間に、すでに自分自身に禍を及ぼしている。そんなことにも気づかないのでは、頭の程度が幼児にもおとると言わねばならぬ。

　えせものは人の嘆きを喜びて
　　善きを聞いてはそねむなりけり

3月14日　五箇条の御誓文

慶応四年の今日、*五箇条の御誓文が下された。以下のとおりである。

一　**広く会議を興《おこ》し、万機《ばんき》公論《こうろん》に決すべし。

二　上下《しょうか》心を一《いっ》にして、盛《さかん》に経綸《けいりん》を行ふべし。
三　官民一途《いっと》、庶民に至るまで各《おのおの》其《その》志《こころざし》を遂げ、人心をして倦《う》まざらしめん事を要す。
四　旧来の陋習《ろうしゅう》を破り、天地の公道に基くべし。
五　知識を世界に求め、大《おおい》に皇基《こうき》を振起《しんき》すべし。

＊　慶応4年（1868年）、明治天皇が公卿や諸侯に示した新政府の基本方針
＊＊　万機…政治上の多くの重要な事柄　公論…世間一般の人びとの意見　経綸…国の統治
一途…一つにまとまり　倦む…飽きる　陋習…みぐるしい習慣　公道…正しい道理
皇基…天皇による統治の基礎　振起…ふるい起こすこと

3月15日　物欲

「＊隴《ろう》を得て蜀《しょく》を望む」ということわざがある。一つ望みがかなえば、そのとたんに次の望みが出てくる。日々新たにすべき希望もあるが、ものを所有したいという欲望は、新たにすればするほどけがらわしいものだ。物欲をなくしたいという望みこ

そが日々新たにすべき望みであり、そうしてはじめて心のけがれが消えるのである。

事足れば足るにまかせて事足らず
足らで事足る身こそやすけれ
足ることを知る心こそ宝船
世をやすやすと渡るなりけれ

＊中国後漢の光武帝が隴を平定し、さらに蜀を欲したという故事から、一つの望みを達し、さらに大きな望みをいだくこと

3月16日　紳士

言語や行動の荒々しいのが男らしさだと思うのは野蛮人である。自分に対しては毅然とし、外に向かって柔和なのが紳士だ。根の強い草は花も美しく、よい実がなる。ただ強ければよいと思って人への思いやりを欠いているのは、自分の暴力に負けているのである。

人のただ負けじと思ふ心こそ

やがて我が身のあだとなるなれ
人にまけ己《おのれ》に勝つて我《が》を立てず
義理を立つるが男達《おとこだて》なり

3月17日 目標

期待どおりに進まなくても、いったん決めた目標は簡単に捨ててはならない。いくら障害にぶつかっても乗り越えようという気構えさえあれば、根気よく進んで遠回りをすることもいやでなくなる。

明治天皇御製
取る棹の心長くぞ漕ぎ寄せん*
蘆間《あしま》の小舟《おぶね》さはりありとも

＊ 気長に小舟を漕いで岸に寄せよう　芦に引っかかって苦労は多いが

3月18日　兄弟

家族や親戚の親睦につとめよ。とくに、きょうだいが仲よくするのは、お互いへの義務であるばかりか、親への義務でもある。性格がことなり、家がはなれ、人生観にちがいはあっても、仲よく付き合えないはずがない。遠く離れている場合には、音信のやりとりをきちんと行って、冷たい関係にならぬよう気をつけたいものだ。

うづみ火*のあたりのどかに兄弟《はらから》の
　まどいせし夜ぞ恋しかりけり
（松平定信**）

＊ 灰に埋めた炭の火
＊＊ 江戸時代中期から後期の大名（1759－1829）。老中として寛政の改革を行った

3月19日　楽しみは心の中にあり

一　いつかは晴れるだろうと期待して雲しか見られないことがある。月にしずくが

かかる風情をあてにしていると、夕立にあってずぶ濡れになることもある。

一　桜の花、柳の枝に、梅の香りを期待してはならない。桜のうすい紅色、柳のみずみずしい緑は、それ独自に美しいものだ。

一　もうじゅうぶんだと思わなければならないのは、我が身の境遇。まだまだ足りないと思ってもよいものは、心の修行。

一　楽しいと思っていると楽しくなるものだ。楽しさを心の外に求めてはならない。

（松平楽翁*）

＊　松平定信のこと

3月20日　家での礼儀

自分は周囲の人たちより偉いのだと思うと、のほうずにわがままな気分になり、家の中が不安定になりやすい。妻をはじめ弟や妹、雇い人らに対して遠慮会釈なく自分の弱点をさらけ出してしまうのは、自分自身を軽んじることにほかならず、目下に思っている者たちから軽蔑されることになる。

使ひ人に与ふるもののなき時は
　言《こと》の葉《は》のみも情《なさけ》あたへよ
召しつかふ者には情《なさけ》深くして
　さてわろからず教《おしえ》垂れてよ

＊　そうやって感じよく教育しなさい

3月21日　真の隠者は人の間に身を隠す

承和二年（西暦八三五年）の今日は弘法大師が入滅された日だ。大師はいろは四十七文字の歌を作ってくれたということだけでも、日本人にとって大恩人である。僧や出家などというと社会をのがれて山や野に隠棲するようなイメージがあるが、真に世を救う人は、山に入ったら世人のために畑を開墾し、世間にとどまれば学校をたてて人のためにつくす。真の隠者は人の間に身を隠すとか。

世の中のはかなき事を見聞くにも
　はげみて尽《つく》せ世の中のため

＊空海。平安時代初期の僧（774－835）。中国から真言密教をもたらした、真言宗の開祖

3月22日　ゲーテ

西暦一八三二年の今日はドイツの文豪ゲーテ＊が亡くなった日だ。多方面にすぐれた天分を発揮したゲーテは、つねに「急ぐなかれ、たゆむなかれ」を肝に命じて、あれほどの大きな仕事を残すことができた。やらねばならぬこと、やっておきたいことを数え上げれば焦るばかりで、何から始めようかと迷ってばかり、あげくのはてに何もしないで一生を終えてしまう。ライフワークを成し遂げようと思うなら、その日その日にやるべきことをきちんとするしかない。

怠らず行かば千里の外《ほか》も見《み》ん
　牛の歩《あゆみ》のよしおそくとも

＊ドイツの詩人、作家（1749－1832）。代表作は『若きウェルテルの悩み』、『ファウスト』など

3月23日　シェイクスピア

西暦一六一六年の今日はシェイクスピア*が亡くなった日だ。シェイクスピアの作品は今でも世界中で愛されている。思想ほど寿命の長いものはない。記念の銅像はくさり、大理石に刻まれた名は摩耗しても、人間のけだかい思いと、けがれなき行いはいつまでも残る。こればかりは永遠不滅である。

身はたとへ花より早くくつる**とも
思ひと業《わざ》はくつることなし

＊ イギリスを代表する劇作家、詩人（1564－1616）代表作は『ハムレット』、『リア王』など。没日は4月23日の間違いか
＊＊ 朽ちる

3月24日　平家

文治元年（西暦一一八五年）の今日は壇ノ浦で源平合戦*のあった日である。武者たちの勇猛果敢な戦いぶりは書物や絵からもしのばれ、さっそうたる姿が目に見えるようだ。この戦《いくさ》によって、かつて栄華をきわめた平氏一族が歴史の舞台から去った。平家を滅ぼしたものは平家だと歴史家はいう。

栄花《えいが》とは栄える花と書くなれば
　咲いて乱れてあとは散るなり

＊ 平安時代末期に平氏と源氏の間に生じた治承・寿永の乱（1180－85）の俗称
1185年3月に関門海峡の壇ノ浦で決戦となり、平氏が滅んだ

3月25日　大勇

我国の歴史では、今日は戦いが多く生じた日である。弘治三年には川中島の戦い*、

明治二年には箱館戦争**があり、多数の勇士が血を流して命を散らした。たとえ血は流さずとも、我々も平時の勇士でなければならない。戦時の勇と平時の勇、ともに大勇をやしない、ここぞというときには必ず勇をふるって行動に出なければならぬ。

仁と義と勇にやさしき大将は
火にさへ焼けず水に溺れず

＊　1553年から1564年にかけて、長野県の川中島で武田信玄と上杉謙信との間で数次にわたって行われた戦い

＊＊　1868年から1869年にかけて新政府軍と旧幕府軍との間に生じた戊辰戦争の、最後の戦闘箱館の五稜郭が舞台となった

3月26日　ほんとうの試験

試験といえば学校の定期試験が頭にうかぶが、それは試験の中でもっとも形式的でやさしいものだ。むしろ、それと知らないうちに試験されているのが、ほんとうの試験である。日々折々の言葉やふるまいは、すべて試験である。世間の人が鵜の目

鷹の目で採点している。教師一人がのんきに採点する定期試験とは雲泥の差だ。

世の人は皆ことごとく試験官
われただ一人受験者の身ぞ

3月27日　無名の業績

虎は死んで皮を残すというが、その虎の名は記録されない。人も後世に名を残すより、事業と思想の恩恵を世に遺《のこ》そうとするほうがよい。業績があまりに立派だと、名前はむしろ目立たない。名前のみが残って業績が消えてしまっては、名誉でも何でもない。

名に迷う浮世の中の大たわけ
我が名も知らぬ者となれかし

3月28日　心のありよう

一　自尊心が高すぎれば人をうらむ。そうでなければ人を敬う。
一　自分への思いが強すぎれば人を疑う。そうでなければ疑わない。
一　自分が過《あやま》っているという思いがあれば人を恐れる。ないときは恐れない。
一　心に邪《よこしま》な思いがあれば人を傷つける。心がまっすぐだと傷つけない。
一　心に怒りがあれば言葉がはげしい。怒りがなければ穏やかだ。
一　心が貪欲だとお世辞で人の心をくすぐる。そうでなければくすぐらない。
一　忍耐心がなければ物を傷つける。あれば物をきちんと扱う。

(徳川家宣)

3月29日　馬は馬づれ

裕福な人や地位のある人を前にしてどのような態度で接するか、ほどよいものは稀であり、極端にはしりやすい。片や縮みあがって自分を失うものがあるかと思えば、反対に空威張りをして、金や地位に反抗しようとするものがある。つまり平伏するのと、そっくり返るのと両極端なのだが、どちらも金と地位の偉大な力を前にして我を忘れているという点で同じだ。富や地位などどこふく風で人と交わろうとする気持ちこそが貴い。

誉め譏《そし》る人のふるまい見るときは
牛は牛づれ馬は馬づれ

3月30日 犬は吠えるもの

犬は本来の性質からいって咬むよりも、キャンキャン吠えるものだ。犬が多い世の中で暮らしているあいだは、ときどき耳を閉じているのがよい。そうすれば犬のほうが吠え疲れる。しかも吠える犬は歯に力が入らないから、咬まれても実害は少ない。

見ることの欲と愚痴とにかけ合うて
けんけん吠ゆる犬のうるささ

邪《よこしま》な人に逢うては争はず
　退《の》いて通すが仁義礼智ぞ

3月31日　動機をただせ

ことに着手するにあたっては、一歩さがって動機を見きわめたい。これを始めるのは何のためだろう？　名前を売るためだろうか？　利益をあげるためだろうか？　自慢するためか？　他人に恥をかかせるためか？　正しい動機に基づいていることを納得すれば、失敗をおそれずやるがよい。

引きそめし心のままに梓弓《あずさゆみ》
　思ひかへさで年も経にけり
（源頼武*）

よきにつけ悪しきにつけて思ふべし
　こころに誠ありやなしやと
＊　不詳

4
月

4月1日　復活

死者はどのようにして蘇《よみがえ》るのだろう、どんな身体で戻ってくるのだろうなどと尋ねる者がいるが、愚かにもほどがある。君は種を播《ま》いたことくらいあるだろうが、種はまずは死なないことには、生きないのだ。それにまた、君が播く種は、その将来の姿とは似ても似つかない形をしている。麦にしろ、その他のどんな穀物にしろ、播くのはただの小さな粒にすぎない。（パウロ*）

＊　初期キリスト教の使徒で、新約聖書の著者の一人（？―６５？）

4月2日　情

生きているものをじっくりと眺めると、可哀想という気持ちに駆り立てられる。虫けらだって腹がすくだろう。さだめし鳥や動物が怖いことだろう。さだめし我が子が可愛いことだろうと思うと、どんな人間に対しても憐れみの情が湧いてくる。

犬猫も同じ天地の生きものぞ
　不憫《ふびん》をかけてやるがぜんこん*
命をば惜しまぬ物はなかりけり
　我が身をつみて思ひ知れかし

＊善根。よい報いを受ける原因となる行い

4月3日　神代の種

明治天皇御製

しき島の大和島根のをしへ草*
　神代《かみよ》の種の残るなりけり
例《ためし》なく開《ひら》け行く世を見ることも
　みちびく神のあればなりけり
葦原《あしはら》の瑞穂《みずほ》の国の万代《よろずよ》も
　みだれぬ道は神ぞひらきし

＊物事を教わる材料。教材

4月4日　平凡

何の力もない、こんなつまらない自分だが、どのようにすれば世のため人のために尽くせるだろう。このような謙虚な気持ちをいつまでもなくさず、日々の平凡な仕事を続けること。それだけでも偉大な業績といえる。

深山木《みやまぎ》のその木《こ》ずえとも見えざりし
　桜は花にあらはれにけり　（＊源頼政）

みどりなる一つ草とぞ春は見し
　秋はいろいろの花にぞありける　（古今集）

＊平安時代末期の武将、公卿、歌人（1104−80）

4月5日 苦境の友人

親しい友人が世間に見捨てられたりすると、長年つちかった日ごろの友情も忘れてしまい、自分もそのような人から距離をおきたくなるものだ。苦境に陥った友人は、たとえ犯罪をおかしたとしても、ぽいぽいと簡単に棄てるべきものではない。

さかりをば見る人多し散る花の
あとを訪《と》ふこそ情《なさけ》なりけり
（夢窓国師）

4月6日 蜀山人

文政六年（西暦一八二三年）の今日、*蜀山人《しょくさんじん》が亡くなった。

世の中に嘆きはなきに喜びを
もとめて遂になげきとはなる
世の中に苦はなきものを我《われ》と吾《わ》が

楽をもとめて苦しみぞする
世の中に恐ろしきものはなけれども
家根《やね》の漏るのと馬鹿と借金
世の中を渡りくらべて今ぞ知る
阿波のなるとに立つ浪《なみ》もなし
（蜀山人）

＊大田南畝《なんぽ》。江戸幕府の官僚であると同時に文人にして狂歌師（1749―1823）狂歌、洒落本、漢詩文をよくした

4月7日　道の恩恵

桜の花をながめても、松の木陰にやすんでも、ただ道を通っても、我が家にいるだけでも、どれだけ多くの人の好意によって、自分が様々な便利なものの恩恵にあずかっていることか、という思いを忘れてはならない。木を植えてくれた人、道を切りひらいてくれた人の名前は知らなくても、感謝の気持ちだけは忘れてはならない。

昔誰《だ》れかかる桜の花を植えて

吉野の春の山となしけむ

（藤原良経*）

＊　九条良経。平安時代末期から鎌倉時代初期にかけての公卿（1169―1206）
教養人で和歌、漢詩、書道などにすぐれていた

4月8日　灌仏会

今日は灌仏会《かんぶつえ》*、お釈迦様の誕生日である。釈迦**が世の人のために、自分の身を捨てて尽くしてくれたことに、あらためて感謝しよう。たとえ宗教が違っても、すばらしい先達が我々を教え導くためにしてくださったことは、歴史から拭い去られることはないのであり、気持ちをあらたにして釈迦の徳に思いをはせよう。釈迦の教えによって、どれほどの疑問が解決し、どれほどの妄想が追い払われ、どれほどの黒雲が消え去ったことであろうか。

入《い》***りがたき草の戸ざしも秋風の
　吹きはらふにぞ月は澄みける

（宗良《むねなが》****親王）

＊　釈迦の誕生を祝う仏教行事。毎年4月8日に行われる

＊＊　ガウタマ・シッダールタ、紀元前5世紀に北インドに生きた人物
王族だったが身分を捨て、仏教の開祖となった。ブッダ（目覚めた人）と呼ばれる
＊＊＊　人が入って来にくいように草が生えているけれども
＊＊＊＊　後醍醐天皇の皇子（1311ー85？）
延暦寺にはいり天台座主となったが、後に還俗した。和歌に秀でていた

4月9日　倹約

倹約は昔の聖人が教えるところで、上は天子から、下は下々の者にいたるまで、誰もがつねに心にとめておくべきことである。倹約はいやなもので、一家の者が使用人まで含めて、息が合わないことにはできない。わざわざ構えなくても、ただ家族の者たちが仲よく、機嫌よく、にこにこして話ができるような雰囲気から倹約ができてくるものだとお考えいただきたい。

（*莅戸太華《のぞきどたいか》）

一銭もそまつに為さず種とせば
黄金《こがね》花咲く春に逢ふべし

＊　莅戸善政。江戸時代中期の米沢藩の家臣（1735―1804）
財政に明るかったため、藩の財政改革に活躍した

4月10日　百日

元日はほんの二三日前だったような気がするが、早くも今日で今年も百日がすぎた。年のはじめに計画したことをどれほど実行し、決心したことをどれほど続けているかと反省すれば、我ながら恥ずかしい。

今日も今日も＊徒《あだ》に過ぐして明日《あす》明日《あす》と
言はば千年《ちとせ》も空《むな》しからまし

＊　無為に過ごして

4月11日　油断

入学試験に受かる、初月給をもらう、何かの宗教に入信する、縁談がまとまる、人

はそのような折に安心してほっと息をつくが、その息こそ油断のもとである。

乗り得ても心許すなあま小舟《おぶね》
片瀬の浪《なみ》に浮き沈みあり
折り得ても心ゆるすな山ざくら
さそふ嵐のありもこそすれ

4月12日　人の口

人のことをあれこれいうのは慎まねばならない。とくに他人の心中を勝手に憶測してはならない。それも自分の胸一つにとどめておくならまだしも、軽々しく人に話すのは、水道に毒を流すようなものである。

世の中に虎狼《とらおおかみ》は何ならず
人の口こそなほまさりけれ　（藤原良経）
善し悪しは人にはあらで我にあり
直《なお》き形の影は曲らじ

4月13日　人の善し悪しを見きわめよ

ほんのうわべの付き合いでよい人に見えても、心を開いてじっくりと付き合ってみると思ったほどよい人ではないことがある。こわもてで、ものの言い方もきつく、親しみがもてない人でも、あれこれ話を聞けば、情が深くて頼りがいのある人柄だったりする。よって、人に向かって胸襟《きょうきん》をひらくなり、一線をおくなりする前に、人の善し悪しをしっかりと見きわめることが肝心。

善きも友あしきも友よ鏡なる
見るに心の隈《くま》をみがけば
（藤井高尚*）

＊江戸時代後期の国学者（1764－1840）。備中の人。本居宣長の門人

4月14日　精妙なる世界

目の前にあるものを見て喜び、何かを手に入れて嬉しがり、四季折々の自然の美を

楽しみ、自分の財産を自慢し、日々の出来事に目を奪われながら年月を送るのがごく普通の人間の生き方だが、時にはじっくりと心を落ち着かせて、この世界がいかに精妙に造り上げられているかということに思いをはせれば、人生の喜びはより一層大きくなるだろう。

　咲く花を歌に詠む人誉むる人
　　咲かせる花の元を知れかし

4月15日　親心

親の子を思う心ほど愛情に満ちているものはない。どれほど深いか、子は知らない。また、知っていながらつけこんで、わがまま放題にふるまう不届き者もいる。

　世の中に思《おもひ》あれども子を恋《こ》ふる
　　思ひにまさる思《おもひ》なきかな　（紀貫之*）

　人の親のこころは闇にあらねども
　　子を思ふ道に惑ひぬるかな　（藤原兼輔**）

＊　平安時代初期の歌人、貴族（866?－945?）。『古今和歌集』の撰者の一人
散文の作品に『土佐日記』がある

＊＊　平安時代中期の公卿、歌人（877－933）。邸宅のあった場所から堤中納言とも称された

4月16日　人は有無を言わずに天に従うのみ

あちらを立てればこちらが立たず、ということがある。天は公平だが、万人を喜ばせることはできない。天のなすことが正しいかどうか、などと考えてはならない。照ろうが曇ろうが、天はいつも正しいのである。人は有無を言わずに天に従うのみ。しかも、満ち足りた気持ちで従うべきである。

＊賤《しず》の男《お》が小田《おだ》かへすとて待つ雨を
＊＊大宮人は花にいとはん

＊　農民が小さい田を耕す

＊＊　宮廷の人々は花が散るなと思って嫌がる

4月17日　がまん

元和二年（西暦一六一六年）の今日、徳川家康*が亡くなった。

人の一生は重荷を背負って、遠い道を歩いていくようなものだ。急ぐのは禁物。何かと不自由でも、それがふつうだと思ってしまえば気にならない。心に欲望が生じたら、困りはてたときのことを思い出せ。がまんこそ生き残りのひけつ、怒りは敵と思え。勝つことばかりを知って、負けることを知らねば、いつかしっぺ返しを食らう。自分を責めよ。人を責めるべからず。過ぎるより、足りないのがよい。

（徳川家康）

＊　戦国時代の大名（1543−1616）。江戸幕府を開いた

4月18日　自業自得

この世界は広大だが、私に敵はいない。誰もが私に好意をもっている。私に害を加

えようとする者があるとすれば、何か理由があってのことだろうから、自業自得、我が手で我が身を損なうようなものだ。かりに何の理由もなく私を害するものがいるとすれば、理由がない以上、天災としか言いようがない。

＊咲かざらば桜を人の折らましや
　桜の仇《かたき》はさくらなりけり
世の中に人のかたきは外《ほか》になし
　思ふ我身は我がかたきなり
ひたすらに日夜《にちや》朝暮《ちょうぼ》に＊＊地取《じどり》して
己《おの》れに克《か》たば天下敵なし

＊　花が咲かなければ、桜の枝を折る人がいるだろうか？
だから、枝を折られるのは自分のせいなのである
＊＊　努力して

4月19日　仕事に貴賤なし

世界というものは、すべての人がそれぞれの仕事をはたすことで維持されている。老いも若きも、男も女も、自分のなすべきことをしているからこそ世界は動いていく。一口に仕事といっても、重要な仕事とそうでない仕事があるように見える。だが、人間すべて持ちつ持たれつ。地位が高いと誇るのは、低いといって恥じるのと同じく愚かである。誇れば高い地位もいやしくなる。卑下しなければ、低い地位も貴くなる。

薪《たきぎ》とる山*がつなくば都なる
　宿の煙もいかで立つべき

＊　木こり

4月20日　「虫が好かない」

誰だって生まれつき好き嫌いがあるが、世間でよくいう「虫が好かない」という感情は心が狭いということと同義だから、とっととと退治するにかぎる。芽のうちに摘んでおくのがよい。よい人だ、悪い人だと他人様のことを言う前に、自分の胸に手を当てて、そこに住んでいるのがよい虫か、悪い虫かをとっくり考えてみることだ。

濁りある水にも月はうつるぞと
　おもへばやがて清《す》む心かな
よしあしのうつる姿の影法師
　よくよく見れば我が姿なり

4月21日　学問

一　人を欺《あざむ》くために学問をしてはならない。

一　人と争うために学問をしてはならない。
一　人を誹《そし》るために学問をしてはならない。
一　人の邪魔をするために学問をしてはならない。
一　自分のことを自慢するために学問をしてはならない。
一　売名のために学問をしてはならない。
一　金儲けのために学問をしてはならない。

（足代弘訓《あじろひろのり》＊）

＊江戸時代後期の国学者、歌人（1785－1856）

4月22日　付き合い

あの人は地位が低いからとか、貧乏だからとか、教養がないからなどといって付き合おうとしないのは、貴い人格というものが見えないからである。人との付き合いは、相手の人間性とのはだかのぶつかり合いである。金や地位や学識とのみ付き合おうとするのでは、主人でなく召使の仲間入りをするのにひとしい。

卑しとて隔つる心あるならば
　*賤《しず》が伏屋《ふせや》に月はやどらじ
**数ならぬ身を問ふ人の心こそ
　偽《いつわり》もなきなさけなりけれ

＊　あばら屋、そまつな家
＊＊　とるに足らない

4月23日　情けは人の為ならず

人に恩恵をあたえたと思うからこそ、「あいつは恩知らずの犬畜生だ」などと腹が立つ。恩は受けるものであり、あたえるものではない。だから、自分が受けた恩は忘れてはならない。また、「あたえた」と思っているかぎり、けっして恩ではない。

施せし情《なさけ》は人の為ならず
　おのがこころの慰めと知れ
我れ人にかけし恵《めぐみ》は忘れても

ひとの恩をばながく忘るな

4月24日　天の使い

天の使いは、目に見えないところに隠れて人を助け、人の耳には聞こえない声で、憐れみの声をあげてくれているのだろうか。彼らはいつも私のそばにいる。彼らが護《まも》ってくれなければ、今まで何度ころび、何度倒れたかもしれず、火災、水難、かぞえきれない災厄にみまわれて死んでいたことだろう。私を優しく見守り、守護し、安全を祈ってくれる者が、どこの誰かは知らないけれど、きっとこの広い世界にはいるにちがいない。

世の人の目をしのびつつ人の為
　身を惜しまぬぞ仏なりける

4月25日　心に誠のあるとき

寛文二年（西暦一六六二年）の今日、徳川家宣が生まれた。

一　心に愁《うれ》いのないときは後悔しない。愁いがあると後悔ばかりする。

一　心に自慢があるときは人の善さが目に入らない。さもなくば人の善さがよく見える。

一　心に迷いがあるときは人を咎《とが》めだてする。なければ咎めない。

一　心に賤《いや》しい思いのあるときには願いが多い。賤しくなければやたらに願わない。

一　心に誠のあるときは境遇に満足する。ないときは満足しない。

草の葉のほどほどにおけ露の玉
　重きは落つる人の世の中

（徳川家宣）

4月26日　正しい心で

好機をうまく活かすのはよいが、機敏に動こうとして人の道にそむくようなことがあってはならない。正しい心をもたずに利口に立ちまわるだけなら、掏摸《すり》や詐欺師となんら選ぶところがない。

己《おのれ》から作りし智慧《ちえ》はちえでなし
　誠の智慧は我が知らぬちえ
人はただ心ひとつを正さずば
　よろづの能のある甲斐《かひ》もなし

4月27日　ソクラテス

今から二千三百年あまり前の今日、*ソクラテスが死罪をえて毒をあおり、平然として死をむかえた。ソクラテスは自らの信念をあくまでも守りとおした。自分の心に忠、すなわち自らの偽りなきまごころに従ったのである。「自ら反《はん》して縮《なお》からば千万人と雖《いえど》も吾往《われい》かん（自分の心をかえりみて自分が正しければ、敵が千万人でも私は向かって行こう）」というのが真の勇であり、真の忠である。自分の心に忠でないものが、主君に忠を尽くせるわけがない。

**身も消えて心も消えて渡る世は
　剣《つるぎ》の上もさはらざりけり

＊　古代ギリシャの哲学者（前469?－前399）
自らは著作を残していないが、弟子のプラトンによってその思想が伝えられている
＊＊　我が身も私心もなくなれば、たとえ剣の上でも歩いていける

4月28日　我も罪人

新聞にのったこともなく、警察に呼ばれたこともないから自分は悪い者ではない、などと言うのでは、自分があまりにみじめではないか。新聞にひどいことを書かれたり、犯罪の容疑者にされても善い人はいる。人から誉められている悪人だって世

間にはごまんといる。

盗みせず人殺さぬを能にして
我れ罪なしといふぞかなしき

4月29日　静寂

私はいままで一度も寂しいと感じたことがない。訪問客が帰れば、ああ静かでいいなと思い、日が暮れると、もう誰も来ないだろう、一人になって静かでいい、と思う。雨も月も静かだから、我のための雨、我のための月と感じてしまう。ただ、そうはいうものの、静かなのがよいから、こうしてひっそりと暮らしているというわけではない。心に思うところがあってそうしているのである。静かなのが好きだから人里離れて暮らすというなら、それは富や地位が好きというのと同じことだ。蓼《たで》の葉の辛いのが好きな虫もいる。甘草《かんぞう》の甘いのが好きな虫もいる。辛いと感じるか甘いと感じるか、人それぞれ。それを楽しむという点では同じだ。（*沢庵和尚）

＊江戸時代初期の臨済宗の僧（1573−1645）
徳川家光が帰依し、品川に東海寺を開く。書画、俳諧、茶に通じた教養人だった

4月30日　十二分の力

何かをするときは全力をつくせ。たとえ小さなことでも、気持ちが入っていないと最後には失敗する。十分のものに十二分の力を投入すれば、かりに成功しなくても、何らかの成果が残る。全力を投入する価値のないことなら、そもそも始める価値がない。仕事は気持ちを入れることが重要だ。

虎と見て射る矢は石に立つものを
などか思ひの通らざるべき

5
月

5月1日　自分を捨てる

「自分」を忘れることができなければ大きな仕事はできないし、ほんとうに世のため人のために尽くせない。「誠《まこと》」の精神をつらぬこうと思って、いちばん邪魔なのは「自分」である。才能や教育がなくても、「自分」を捨てることさえできれば、心はいつもおだやかで、仕事もうまくいく。

　　惜しと思ふ我が身一つを捨てぬれば
　　　この世ほどなる楽しみはなし
　　殺せ殺せ我身を殺せ殺し果てて
　　　なにもなきとき命始まる

5月2日　人の悪口はぜったいに言ってはならぬ

一　大いなる幸運がおとずれたら、災いの始まりだと思って謙虚にふるまうべし。

一　誉められれば必ずけなされる。楽しみは必ず悲しみにつながる。
一　よい友人とつきあい、悪い友人は遠ざけよ。
一　あまり親しくしすぎると、うっとうしいやつだと思われることになる。
一　人の悪口はぜったいに言ってはならぬ。
一　人が善いことをしたら、ぜったいにけなしてはならない。
一　人が善いことをしたら、その人のいないところで褒めよ。
一　悪いことをした人には、面とむかって指摘せよ。

（脇坂義堂*）

＊　江戸時代中期から後期にかけての心学者（？―1818）。京都出身で公共事業に尽くした

5月3日　人の値打ち

「よし、やるぞ」とかたく決意しても、そのうちだれてくる。がまんしてやり抜くか、ほっぽり出してしまうか、それで人の値打ちがきまる。

降れば先づ積《つも》らぬ中《うち》に吹き捨てて
風ある松は雪折《ゆきお》れもせず

（*仏徳《ぶっとく》禅師）

＊ 鎌倉時代後期の僧（1281―1332）。南禅寺の住職をつとめた

5月4日　濁るも水の習い

人の欠点をあばいたり、過ちを批判しては駄目。人が隠しておきたがっていることは、そっとしておいてあげること。臭いものに蓋《ふた》をしておけば、ニオイはそのうち消えるものだ。てっとり早く消臭剤で消してもよいが、とにかく蓋はしておくにかぎる。

をりをりは濁るも水の習いぞと
思ひ流して月はすむらん＊

＊ 月がきれいに出てくるだろう

5月5日　散ること

西暦一八二一年の今日、ナポレオンが絶海の孤島で亡くなった。桜が咲いたと思っ

てもすぐに散ってしまう。散るのを見ればなんとなく惜しく、色や香りがどこに行ってしまうのかと気になる。人の命も同じこと。散る悲しみがあるからこそ、美しい思い出として残る。死ぬことがなければ、この世とは別の世界のことを考えることもなかろう。

咲けばこそ散りぬ桜は哀《あはれ》なり
散らずば咲かぬ花を見ましや

5月6日　人に勝たせてやれ

一　同僚とはいつも穏やかにつきあい、礼儀を忘れないことが大切。よくない人間とは決して深くつきあってはならない。
一　冗談にも嘘を言ってはならない。いつも正直であることを心がけよ。
一　何事にも無欲であれ。すがすがしくあれ。
一　やたらに人と争わぬこと。どうでもよいことなら、人に勝たせてやればよい。
一　質素倹約をこころがけ、派手な人を羨《うらや》まないこと。

これが私の人生訓。以上のことを噛みしめて、一瞬も忘れてはならない。（石川丈山*）

＊江戸時代初期の武人（1583－1672）漢詩人として有名で、儒学、書道、庭園の設計などにも通じていた

5月7日　猪突猛進

「このチャンスを逃してはならない」といって、ありったけの力をふりしぼって頑張りにがんばるのはまさに理想なのだが、わき目もふらず、ひたすら猪突猛進すると、つまずいたり、社会に迷惑をかけたりすることもある。

明治天皇御製

覆《くつが》へることもこそあれ小車《おぐるま》*の
進むにのみは任せざらなん

＊小さな車がただ前に進むからといって安心してはいられない

5月8日　心の持ちよう

一日中、何を見ても聞いても気にさわるし、何をやってもイライラするのは、周りが悪いのではない。自分の目や耳や手がいけないのでもない。心の持ちようが悪いから、何もかも気に入らないのだ。

何見ても何を聞いてもなさけなや
　　ただ煩悩《ぼんのう》に身を任すゆえ
我れと云ふちひさき此の身捨てて見よ
　　大千世界*さはるものなし

＊　広大なこの世界に自分の志を邪魔するものはない

5月9日　目前のつとめ

周囲にいる人たちのためになるよう行動すれば、それが世のため、国のためとなる。

「こんなつまらない仕事」などと不満を言ってはならない。目の前の義務は一つ、二つ、十、二十、百、千、万とつもって、国家のため、社会のためとなる。日々の平凡なつとめに全身全霊で取り組むこと。

君のため世のため何か惜《おし》からん
捨ててかひある命なりせば
（宗良親王）

5月10日　陰口をたたくな

一人の陰口をたたくのは禁物。たとえよいことを言っても、まずたいてい何の役にもたたない。ましてや悪口を言ったのが本人の耳に入れば、ゆく先々ずっと恨まれてしまう。たとえその人の耳に入ることがなくても、その場に居合わせた、まともな人たちに、「自分も悪く言われてるのだろうな」などと思われてしまったら、恥ずかしくて死にたくなるではないか。
（北条時頼）

5月11日　忘恩

人から元手を借りても、商売がうまくいけば自分の手腕だと思う。研究がうまくいけば、教わった先生の恩を忘れてこれが自分の力量だと自慢する。病気がなおると医者の力だ手篤い看病のおかげだとは思わないで、自分の養生がよかったのだという。人からうけた恩は忘れやすい。

おのが目の力で見ると思ふなよ
月の光で月を見るなり

5月12日　人をあてにするな

人を信じるのはよいが、人をあてにするのは見苦しい。人と相談するのはよいが、自分は手をぬいて他人頼りを決め込もうとすれば失敗する。独立心がなければ、人に相談してもまともに扱ってはくれず、排除されるのみ。

鳥さへも己《おの》が塒《ねぐら》の木を撰《えら》む
*ただしからざる人に頼《よ》らめや
橋なうて雲の空へは登るとも
人の力は頼まれはせず

＊　正しくない人に頼るだろうか（いや、頼らない）

5月13日　ゆるすべきもの

文政十二年（西暦一八二九年）の今日、白河楽翁（松平定信）公が亡くなった。

一　臥所《ふしど》に忍び込んできてもよいものは花の薫り、遠くの寺の鐘の音。秋の夜寒《よさむ》の虫の声はとくにあわれをさそう。

一　憎らしいが許すべきものは、花を散らす風、月を隠す雲。あけすけに争う人はゆるすだけではだめだろう。仲裁をしてやらねばならぬ。

一　嵐の翌日の朝の庭ならいざしらず、乱れたものはゆるすことができない。花が落ちているのはゆるすけれども、酒の乱れはゆるすことができない。

（白河楽翁）

5月14日　悪口

言いがかりや悪口が雨嵐のように降ってきても、自己弁護や説明は必要ない。台風のように吹きたいだけ吹かせておけばよい。昔の聖人もみんなそのようにしたものだ。

思ふ川深き渡りの船人は
　打ちくる波に争はぬなり
世の人が*邪見《じゃけん》をぬいてかかるとも
　我がりようけんの鞘《さや》にをさめよ

＊「邪見」＝「邪剣」、「了見」＝「良剣」とかけている

5月15日　正道

人の通ったことのない原野でも、心がまっすぐであれば正道を行くことになる。道ならぬ道をあえて行くのは、前進ではなく後退。理想を追い求めて人生を歩む者は、途中で力尽きても成功者。浮《うわ》ついた名声や富を求めて貪欲に奔走する者は、目的を達しても失敗者である。

道の為め手折《たお》るとならば＊姫小松《ひめこまつ》
もとより＊＊千代《ちよ》は願はざるらん
（＊＊＊下田歌子）

＊　小さい松
＊＊　永遠に生きることは願っていないだろう
＊＊＊　明治から大正にかけて活躍した教育者、歌人（1854－1936）。女子教育の発展に尽くした

5月16日　林子平

寛政四年（西暦一七九二年）の今日は、林子平*が捕まり、平然として牢におもむいた日である。以下、林子平の言葉である。

克己とは〈己《おのれ》〉に勝つということである。〈己〉というのは自己中心の欲望にまみれた〈自我〉を指す。自分勝手な気持ちはすべて〈己〉である。この〈己〉を押しのけるのが克己である。

〈礼《れい》〉とはそんな欲望にうち勝って、人の道と正義にかなうようにすることである。自分のふるまいが〈礼〉にかなうかどうか、つねに心に問いかけなければならない。例えば、やたらに怒りたくなることがあったりするが、なぜそうなのか心に問いかければ、〈自我〉から生じている病気だと分かり、そう分かれば怒りはたちまち消えてしまう。心に問いかけること、それこそが真の勇気である。

堪忍《かんにん》と聞けば易き**に似たれども
　己に勝つの替へ名なるべし　（林子平）

＊　江戸時代後期の志士（1738－93）。主著『海国兵談』は幕府によって発禁処分とされた

＊＊　たいしたことには聞こえないけれども

5月17日　人の秘密

「ここだけの話」だといって話す人は、よそでも同じことをしているものだ。「あいつがこんな悪いことをした」と私に話す者は、よそで、私のことを同じように話すだろう。人の秘密を私に話す輩は、私の秘密をよそで話しているだろう。

人事《ひとごと》を我れに向かひて言ふ人は
　さぞ我が事を人にいふらん
人の上《うへ》を言ふ人あらん団居《まどい》には*
　事あり顔に立ち去りねかし

＊人が集って他人の噂をしているようなときは、用があるふりをして立ち去りなさい

5月18日　平和

今日はハーグ*の日、世界の国々が平和を記念する日だ。人類の歴史をふりかえると、

未開の時代には戦争によって進歩したが、文明が進歩するとともに戦争の被害が大きくなり、「兵は凶器なり」――戦争は凶器であるという言葉がますます現実となってきた。今後の文明は平和によって進歩しなければならない。平和を祈るのは、この日だけのことではない。

＊　オランダの都市。国際司法裁判所が置かれ、たびたび平和条約などが締結される舞台となった

5月19日　狂言綺語

人生はきわめてまじめなものだが、社会の風潮には、とんでもなくあさはかで馬鹿げたことも少なくない。したがって、つまらないことに心を寄せたり、心を奪われたり、心を痛めたりしていては、自分で自分をつまらない人間におとしめることになる。いい加減に聞き流して、無視するにかぎる。

世の中を狂言綺語《きょうげんきご》と見る時は
　善し悪しともになぐさみになる

5月20日　奥山のさくら

外見や人の評判は二の次で、一番に守らなければならないのは自分の心である。社会生活をする中で誠実であろうとするなら、まず自分の心に忠実でなければならない。内面が自然に外に溢れ出すのはよい。ことさらに内面をさらけ出そうとするのはよくない。

見ん人の為にはあらで奥山に
　おのが誠を咲くさくらかな
濁りなき心の水に清《す》む月は
　波もくだけて光とぞなる

5月21日　姦淫するなかれ

古人が「姦淫《かんいん》するなかれ」と命じたのは、君たちも聞いたことがあるだろう。だが、私はこう述べておこう。女性を見てむらむらときた人は、心の中ですでに姦淫を犯しているのだ。もし右の目がこんな罪を犯したなら、くりぬいて捨ててしまえ。

（キリスト）

5月22日　坊主と袈裟

この世に間違いを犯したことのない者はいない。私も例外ではない。だが、間違いを犯した人を憎むのは、間違っている。罪を憎んでも人は憎むな。過失と人は別にすべきだ。坊主と袈裟は別なのである。

濁り江*や小川の水にしづめども
　まことは同じ山の端《は》の月

＊水の濁った入江

5月23日　薄情

たとえ親友のことでも、誰か第三者が悪く言うのを聞くと疑い始めるというのはよくあることだ。世間で非難された人とは疎遠になり、世間で褒めそやされた人と付き合いたがるのは、薄情だがふつうの人のふるまいだ。雲の裏にも月を見るほどの、ぶれることなき熱い心を持ちたいものだ。

晴れくもる光は雲のしわざにて

もとより月は有明の空

5月24日　仁がすぎれば弱くなる

*伊達政宗は寛永十三年（西暦一六三六年）の今日、七十歳で亡くなった。その座右の銘。

仁（同情）がすぎれば弱くなる。

義（正義）がすぎれば融通がきかなくなる。
礼（礼儀）がすぎれば媚《こ》びへつらいとなる。
智（知恵）がすぎれば嘘をつく。
信（信用）がすぎれば損をする。

＊出羽の国と陸奥の国の戦国大名（1567―1636）。仙台藩の初代藩主

5月25日　武将の三勝

延元元年（西暦一三三六年）の今日、楠正成*が湊川で戦死した。
主君のために身を棄てるのを〈忠〉という。親にそむかずに仕えるのを〈孝〉という。老人を敬い、軍人をだいじに育て、民を憐れむのを〈仁〉という。一度引き受けたらぶれることなく、貫通するのを〈義〉という。でしゃばらず人をたてるのを〈礼〉という。陣にあっては作戦をめぐらせ大勝利を収めるのを〈智〉という。何があっても嘘をいわず、人の信用を失ってはならない。

我れに勝ち味方に勝ちて敵に勝つ

是れを武将の三勝と云ふ　（楠正成）

＊鎌倉時代末期から南北朝時代初期にかけて活躍した武将（1294?－1336）後醍醐天皇を奉じて鎌倉幕府打倒を果たしたが、後に湊川の戦いで自害した　軍神、智将として讃えられた

5月26日　ねたみの虫

少しでも油断すると、ねたみの虫が動き出す。自分が損して人が得したり、自分がくびになり同僚が昇進したり、自分が落第して友人が進級したりすると、自分の力不足だと思わないで、人の幸福をねたむばかりか、「なにか悪いことしているのではないか」などと思い始める。

よい仲も近ごろ疎《うと》くなりにけり

隣《となり》に倉を建てしより後《のち》

5月27日　世間は世間

「こんなに真心をつくしているのに誤解されるのは無念だ」という嘆きをよく聞く。他人の思いやりに期待しすぎているのと、世間の評判をこわがりすぎているからこんな風に感じるのだろうが、木の間を吹きぬける大風のようなものだと思ってしまえば、ちょっとした雑音ていどにしか気にならない。

からかさのさしたる罪はなけれども
人に張られて雨にうたるる

5月28日　ざくろ

知識や思想は天からあずかっているものだから、自分だけのものにしてはならない。広く世界に公開すべきもの、世間の人びとと共有すべきものである。アイデアを交換することで、学問が進歩する。出し惜しんだり、反論を恐れたりして公表しないと学問は進まない。ざくろのことを「口を開いて腸《はらわた》を見せる」といって笑う人がいるが、ざくろの腸にはしっかりと実がある。笑っている連中の腸には実もなければ底もなく、腸そのものさえあるかどうか知れたものではない。

5月29日　神

無神論にしろ有神論にしろ、議論しても尽きるところがない。神がいるかどうか、理屈や議論で証明できはしない。神を理解する力は、人間の心の誠以外にはない。

明治天皇御製

目に見えぬ神の心に通ふこそ
人のこころの誠なりけれ

5月30日　気

〈気〉というのは、人に負けない覚悟があって、恥をかくことを無念に思う心から生じるがんばりのことである。〈振〉というのは、けんめいに自分を奮い立たせて、心が鈍って油断しないようにつとめることである。この〈気〉はすべての生き物にそなわっているもので、動物にだってあるが、動物の場合でさえ、ひどく〈気〉が立ったときには、人に害をあたえ、苦しめることがある。ましてや、人間の場合にどうなるか言うまでもあるまい。

（橋本左内*）

＊ 江戸時代末期の志士（1834－59）。安政の大獄で斬首となった

5月31日　散り際

見込みがないときに、それを確認する。あるいは間違いだと分かったらきっぱりとあきらめるのが勇気だ。執念ぶかくいつまでもねちねちと思い続けるのは愚かだ。

散りぬべき時散りてこそ世の中の
花も花なれ人も人なれ

6月

6月1日　長所と欠点

この世に完全無欠のものはないし、まったく役に立たないものもない。愛する自分の親や子、友人にも欠点はあるし、嫌いな人間にだって長所はある。感情に流されて客観的な判断ができないのではまずいことになるだろう。

明治天皇御製

人皆のえらぶが上に選びたる
　玉にもきずのある世なりけり
いぶせしと思ふ中にも選びなば
　薬とならん草もこそあれ

6月2日　信長と光秀

天正十年（西暦一五八二年）の今日、本能寺の変が起き、織田信長が無念な死をとげた。世の中のほとんどは凡庸な人間である。そうした人をどう扱うか知らなければ世は渡れないし、人を使えない。信長は明智光秀のことを甘く見すぎて墓穴を掘ったのである。

6月3日　学問

学問をするというのはどういうことか？　知らないことを知り、疑わしい事柄を追究してはっきりとさせ、自分ができていないことを努力して、偉大な先人の域に達しようとすることだ。そんな心意気を欠いていれば、数万巻の書物を読み、古今の知識を蓄えても何の役にも立たない。学問をするのはまともな人間としての生き方を学び、それを誠実に実行することなのだ。

古《いにしへ》への道を聞きても唱へても
身の行ひにせずば甲斐なし
（岡田藍泉*）

＊高畠藍泉《たかばたけらんせん》か？　江戸時代末期から明治時代初期にかけてのジャーナリスト、作家（1838－85）

6月4日　人の為こそ我が為となれ

死後の世界で偉大になろうと思えば、この世では小さくあれ、と言われる。人に使われ、人の役に立つことは、一見、奴隷や下僕の仕事のようだが、これこそが最高の仕事である。人の世に生まれたのは、人に尽くすがためである。

我が為《ため》をなすは我が身の為ならず
　人の為こそ我が為となれ
立ちよりて暫《しば》しなりとも習はばや
　君につかふる人のこころを

6月5日　心と環境

人間の心には、外の環境を一変させる力がある。俗塵《ぞくじん》を洗い流すために、わざわざ深山《しんざん》に引きこもる必要はない。周囲はどうであろうと、心の持ちようですべてが変わる。

奥山に結ばずとても柴《しば》の庵《いほり》
　心がらにて世はいとふべし*
必ずや心のすめばすむ庵《いお》を**
　深山《みやま》の奥を求めずもがな

* 心の持ちかたで
** 心が澄んでいれば山奥の庵に住むことはない（「澄む」「住む」「済む」などをかけている）

6月6日　身も心も祈る

「天は自ら助くるものを助く」という。何か願い事があれば、身を捧げるつもりで祈らなければならない。つまり口先で祈るだけでなく、それにむけて努力するのである。そしていつ祈願成就となるかは天に任せる。天はもっともふさわしいタイミングで、願いを叶えてくれるだろう。

祈るとは心も身をも天地《あめつち》も

誠になれと神にまかする
大空の雨は分けてはそそがねど
うるふ草木は己《おの》がさまざま

6月7日　日々積み重ね

学がなくても善い人がいる。この人が博学だったらますますけっこう。博学でも悪い人間がいる。この人に学がなければ、やはり悪い人間のままだ。今日字を一つおぼえ、明日また一つおぼえ、とするうちに博学となる。今日一つ善行を積み、明日また一つ善行を積めば、やがて大きな人間になれる。人生、怠けてはいられない。

（中井竹山）*

*江戸時代中期の儒学者（1730—1804）。大坂の学問所・懐徳堂の4代目学主として活躍

6月8日　幼子の心

無欲な幼子《おさなご》の心になりたいものだ。富や身分をうらやまず、人を憎まないやさしい幼児の心にもどったら、世を渡る気苦労もなく、心おだやかに日々をすごし、道で知らない人に会っただけで嬉しく、夜寝床に入っても心配ごとにうなされることもない。

寝し夢も現《うつつ》も幼児《おさなご》の
　母に添寝《そへね》のふところの中《うち》
おのづから我を離れてみどり子に*
　なりて教《おしへ》にまかせ皆人《みなびと》

*　あかんぼうになって幼心が教えてくれることに従いなさい、みなさん

6月9日　断固行動

今日はくもりだ、今日は雨だなどと不平を並べても空は晴れない。雨が降ったら傘を一本持てばすむだけのはなし。行動すべきときに、うだうだと愚痴をいって願いがかなうようなら、人生はふぬけ野郎のたわごとだ。行動しないことには何も始ま

らない。断固として行動すれば、悪魔だって恐れをなして退散するだろう。

為せば成りなさねばならぬものなるを
成らぬといふは為さぬなりけり

6月10日　苦は楽の種

寛永五年（西暦一六二八年）の今日、水戸光圀公（水戸黄門）が生まれた。その教訓にいわく。

苦は楽の種、たのしみは苦しみの種である。上役や親はむりをいうものだと思っておけ。人を頼っても、思ったように動いてはくれないものだと心得よ。うけた恩は忘れるな。自分の子を思うように、親のことを思いなさい。子のない者には気をつけろ。酒と女は敵と思え。朝寝坊はいけない。ものごとは熟慮し、寛容の精神でいなさい。細かいことでもよくきちんと考えること。大事《だいじ》がおきても動じないこと。水を器に注ぐのに、九分目では足りないと思っていると一杯になってこぼれてしまうもの。何事にもほどのよさというものがある。

6月11日　影響力

人間の行動がどんな影響力をもつのか、先の先までたどってみると、ドミノ倒しのようにそれからそれへと思わぬところにまで達して、そら恐ろしくなるとともに、楽しくもある。ちっぽけな自分でも、心の命じるがままに力を尽くせば先々の影響たるや大きく広がって、ほとんど限りなく及んでいくだろう。

*水車《みずぐるま》みづから臼《うす》のみづからは
　為すとも知らで米やしらけん

＊　水車も臼も、そうしようと思っていないけれど米は研げて（白くなって）いる

6月12日　ほどほどに

*小早川隆景は慶長二年（西暦一五九七年）の今日、六十五歳で亡くなった。その隆景がこんなことを書いて壁に張り出した。

一　春雨もよいが、花の散らぬほどに。
一　儒学もよいが、武道がすたらぬよう。
一　武道もよいが、文学を忘れてはならぬ。
一　酒宴もよいが、正気を忘れぬよう。
一　趣味もよいが、恥をかかぬほどに。
一　女遊びもよいが、身を滅ぼさぬよう。
一　金儲けもよいが、人の情を枯らさぬほどに。
一　権力もよいが、何でも自分が偉いのだと思わぬこと。
一　信心もよいが、世の常識を忘れるほどのめりこまぬよう。

＊戦国時代から安土桃山時代にかけての武将、大名（1533―97）
毛利元就の三男で、竹原小早川家第14代当主となった

6月13日　勘違いはなはだしい人

目上の人に対して無礼な態度をとれば、自分がその人より偉くなったように思う人

がいる。こそこそと陰に隠れて、大臣の名を呼び捨てにすると自分が総理大臣にでもなったような気がし、上役を罵倒すると上役以上の才覚があると思い、主人の悪口を言えば主人以上に出世したように思い、教師をけなせば教師以上に学があるように思う者がいる。勘違いもはなはだしい。

礼敬《れいけい》を常に忘るな人として
　上下《かみしも》を知る人ぞ人知る

なべて照る月の光にさまざまの＊
　影こそかはれ野辺《のべ》の秋草《あきくさ》

＊ さまざまな形には見えるけれどもすべて同じ野原の草だ

6月14日　威ありて猛《たけ》からず

お客の目の前で妻を叱るのが客に対するもてなしだと思っている人がいるが、まともな人間にとっては、これほど不愉快なことはない。そんな「もてなし」を喜ぶような客なら、二度と付き合う必要はない。目下の者に対して粗暴にふるまうのが偉いと思うのは、けだものの社会だ。威厳があって穏やかなれ、と昔の人がいった。どなる声は動物の声である。威厳は優しい声にこそにじみ出るものだ。

6月15日　唯我独尊

忙しい社会の中で働き、終日人の応対をしているあいだに、つい忘れてしまうことがある。それは釈迦の「唯我独尊《ゆいがどくそん》」という教え、すなわち最終的に人間は一人ぼっちなのだという悟りである。最愛の妻も子も親も兄弟も、結局は別々の存在なのだから、どんなに愛情が通い合っていてもそれぞれの人生があり、異なる使命を持っているのだ。

おしなべて天上天下《てんじょうてんげ》独り居て
　独り尊き身とは知らずや
むつまじき親子にだにも捨てられて
　ひとりおもむく道と知らずや

6月16日　ただ今日のこの一日

昔のことに執着してはならない。漠然とした未来にそなえようとしてもいけない。ただ今日のこの一日だけを見据え、善をなそうと思いなさい。年月を重ねればそれが知らないうちに習慣となり、善行がすなわちあなたの人柄そのものとなるだろう。

（川井東村[*]）

世の中は一日《ひとひ》の外《ほか》はなかりけり
　昨日《きのう》は過ぎつ明日《あす》は知られず

明日《あす》ありと思ふ心のあだ桜[**]
　夜半《よわ》に嵐の吹かぬものかは

＊　江戸時代前期の儒者（1601―77）

＊＊　なまめかしく美しい桜も夜中に嵐が吹いて散ってしまうかもしれない

6月17日 死

遠くから見ればこんなに恐ろしいものはないが、近づいてじっくりと眺めると、こんなに親切なものはないと思うものがある。それは死である。浅く付き合えば鬼だが、深く知りあえば天の使いである。したがって、死はいつやって来るか分からないが安心して待っていればよく、自分から進んで迎えにいってはならない。

かほどまで偽《いつはり》多き世なれども
死ぬるばかりは偽でなし

6月18日 無意識の罪

世間には物好きな人が多い。夫婦や親友の仲をさくのが楽しいというような者がいる。世の中にこれほど卑劣な行為はない。これが生きがいだというような連中は論外だが、そんなことを言っている我々だって、無意識のうちに同じことをしていないかと問いただされたら、あからさまにはそんなことはしないものの、皮肉やあてこすりで同じ罪を犯していることも多いのではないだろうか。

睦《むつ》む中に不思議の事を聞くならば
自ら行《ゆ》きて打ちとけて聞け

6月19日 身を隠す場所

苦境に陥って、こうなったらもう万事休す、いっそのこと坊主にでもなろうかと思うようなこともあるが、自分を捨てようともしないのに、家だけを捨ててどうなるものでもない。心の外に身を隠すところなどない。

世をすてて山に入《い》る人山にても
なほうき時はいづちゆくらん
（*凡河内躬恒《おおしこうちのみつね》）

同じ世を心一つに住みかへて
**捨つれば安き我が身なりけり

＊ 平安時代前期の歌人、宮人（859?－925?）。三十六歌仙の一人

6月20日　言葉をつつしむ

いくら遠慮のない友人でも、自分の心に浮かんだことのありったけを話してはいけない。かりに仲違いして争うことにもなれば、親友だったときのあやまちをあげて攻めたてるからだ。用心しなければならない。人中《ひとなか》で雑談したり、冗談をいったりする際も、やたらに心ゆるすことなく、言葉をつつしむのがたしなみというもの。

（北条時頼）

世に越えてあまりに人に親しきは
　つひには中《なか》の違はぬはなき

6月21日　返事

自分以外の他人もすべて人間であることを忘れてはいけない。地位がなくても、財産がなくても、頭が悪くても、人であることにかわりはない。どんな人でも人格を傷つけてはならない。妻、子ども、使用人などがどうでもよいことを話しかけてきたとき、面倒だと思いながらもいちおう返事はするものだ。人の言葉には心が現れている。決して無視してはいけない。

あいあいと返事よければ睦《むつ》まじく
　心に不足あれば不返事《ふへんじ》

6月22日　働くこと

働くこと、それは天の定めである。肉体をつかう労働も、いわゆる精神労働も、天から見ればすべて平等、どちらも同じように尊く、人の目で見ても軽重の差はまったくない。なろうことなら不労所得がよいなどというのはもってのほか。働かないことほど、人として恥ずかしいことはない。

長生と福を願はば働けよ
　流るる水のくさらぬを見よ

月雪も花も紅葉《もみじ》もぜに金も
我が身にあるぞ働いて取れ

6月23日　剣よりつよし

人間の社会はおおむね、言語、ふるまい、穏やかに治まっているものだ。暴発して腕力に訴えることは異例なのであり、ふつう人生は平和なものだ。武力によって支えられている国は不幸な国である。力こぶで身を守るなら野蛮人とかわらない。

古《いにしえ》への鎧《よろい》にかはる紙子《かみこ》には
風の射る矢も通らざりけり

つよみにて行《い》きあたるをば下手《へた》と知れ
＊鞠《まり》に柳を上手とはいふ

＊鞠や柳のようにしなやかなものこそ上手といえるものである

6月24日　忠義と信仰

慶長十六年（西暦一六一一年）の今日、並びなき勇者、加藤清正*が亡くなった。清正は心根がすがすがしく、言語、行動はまごころを貫き、心の底から正しい男児であった。神への信心と主君への忠義は両立しないなどと言う者もいるが、忠君は義務、宗教は人の根本である。忠君が器の形だとすれば、信仰は器の質である。道義が服のスタイルだとすれば、宗教は服の生地そのものである。加藤清正と楠正成、どちらも信仰が篤かったからこそ、忠なる臣下でありえたのである。

＊　安土桃山時代から江戸時代初期にかけての武将、大名（1562－1611）。肥後熊本藩の初代藩主

6月25日　地久節

本日は地久*節《ちきゅう》。国民、とくに女性が皇后陛下のご誕生をお祝いする日なので、形式だけ祝うのではなく、厳粛な心持ちで、それぞれが信じている神仏に皇后陛下の

ご長命を祈らねばならない。一般人の我々でさえ、家をきちんとととのえて子を育てるには、人に言えない苦労がある。ましてや皇后陛下ともなれば、我々の想像だに及ばぬご苦労に心を痛められるのではなかろうか。謹んで、天が祝福されんことを願いたてまつる。

＊皇后の誕生日を祝う日

6月26日　人の悪しきは我が悪しき

自分によくしてくれる人にはよい顔をして、意地悪な人にはしっぺ返しをしてやりたい。たいてい世間の人はこんな願望をいだくものだが、何とも残念な心だてである。犬は好きな人には尻尾をふり、そうでない人には吠え、かみつく。人として生をうけたからには、ときには宗教などの精神修養の教えを聞くこともあろうものを、このような心根を改めないなら、けだものなみの人生である。

我れ善きに人の悪しきがあらばこそ
　人の悪しきは我が悪しきなり
（北条時頼）

6月27日　愛国

寛政五年（西暦一七九三年）の今日、高山彦九郎*が切腹し、安政六年（西暦一八五九年）の今日、吉田松陰**が処刑された。どちらも国を愛した人であった。この二人のことを想うにつけ、自らの命が安泰であることを引き比べると、自分は国のために何をしているだろうかと心もとない気分になるが、時代が変われば、人としてなすべき事も変わる。そしてなすべき事が変わっても、国を愛する心は変わらない。

明治天皇御製

世の中は尊《たか》き卑しきほどほどに
　身を尽《つく》すこそ務《つとめ》なりけれ

花になり実になる見れば草も木も
　なべて務《つとめ》はある世なりけり

笛となり弓矢となりてくれ竹の
　世はさまざまにかはり行くかな

＊ 江戸時代後期の尊王思想家（1747―93）。諸国を回って勤王論を説いた

＊＊ 江戸時代末期に生きた思想家、教育者（1830―59）

明治維新の理念的指導者であった

安政の大獄で連座し、処刑された。処刑日は安政6年10月27日の間違いか

6月28日　秋の実り

最近草木が茂ってきたのを見ると、春の手入れがどのようであったかひと目で分かる。夏の草取りにもいっそう精を出せば、秋の実りはまちがいなかろう。努力している最中は成果が見えないが、後々必ず報いはあるものだ。

怠《おこた》りも夏のかせぎもほどほどに
穂にあらはれて見ゆる秋の田

米蒔《ま》いて米＊がはゆれば善に善
あくには悪が報ゆとぞ知れ

＊ 米が生えれば

6月29日　君子は愚なるがごとし

それなりの地位に座り、社会の信用もそこそこある人をさして、「あのバカがあんな地位についていられるのはただ運がよいだけ」などという人がいる。だがよく調べると、その人にもそれなりの長所のあるのが見えてくる、ということが多い。ちょっと見にまぬけのようでも、ばかにしてはいけない。一見気が利いている者のほうが危ういものだ。

うかうかと暮らす瓢瓜《ふくべ》*と思ひしに
　腰のあたりにくくりめ**ぞある
能ありて心ゆがめし人よりも
　なくて直《す》ぐなる人ぞ貴き

＊　ひょうたん
＊＊　紐をかけるところ、くくるところ

6月30日　飽き

どんなことでも、始めてから七、八割のところまでくると飽きてきて、厭《いや》になるものだ。学問研究でも、針仕事でも、政治運動でも、ビジネスでも、〈飽き〉は人間力をためす試験台。「天才とは飽かずに持続する力だ」と西洋の偉人も述べている。

井を掘りて今一尺で出る水を
　ほらずに出ぬといふ人ぞうき*

*いやだ、つまらない人だ

7月

7月1日　思い立ったが吉日

今年もはや半分が過ぎた。もしも年の前半が負けの連続なら、後半に取り返してほしい。今からは速攻でいこう。これはよいと思ったら、すぐにその方向で行くのだ。貯金が必要だと思ったら、その日に一円の貯金をすること。勉強がだいじだと思ったら、その日に一ページ本を読むこと。

*東路《あずまじ》と言へば遠きに似たれども
ただ一《ひ》と足の踏み出しにあり
千里ゆく道も初《はじめ》は一と歩み
低きよりして高く登りつ

7月2日　新田義貞

* 東国に向かう道

延元三年（西暦一三三八年）の今日は、*新田義貞が戦死した日。義貞の三十八年は、正義のために戦い続けた生涯であった。とはいえ猪突猛進の武将ではない。涙も流せば、文芸もたしなむ、知恵と勇気を兼ね備えた大人物であった。後の世まで名を残して感銘をあたえるほどの人は、必ず優しい心があり涙も流す。

義貞にこのような歌がある。

**我が袖の涙にやどる影とだに
知らで雲井《くもい》の月やすむらん

* 鎌倉時代後期から南北朝時代にかけての武将、御家人（1301―38）南朝の総大将として鎌倉幕府を滅ぼしたが、後に戦死した

** 私の涙に映っているとも知らないで、月は大空で澄んで輝いているのだろう

7月3日　美しいまとい

君たちの中に、あれこれ思い悩むことで、寿命を少しでも延ばせる者がいるだろうか？　また、なぜ、衣服のことで思い悩むのだ？　野のユリがどのように育つかを

見るがよい。働きもしないし、糸を紡ぎもしない。よいか、ソロモンが繁栄を極めたときにも、その美しさはこの花の一つにも及ばなかった。きょう野に咲いて、あすは炉に捨てられる花でさえ、神はこのように美しいまといをお与えになるのだ。君たちだって同じこと、神に美しい姿を与えてもらっているではないか。だから、何を食べ、何を飲み、何を着ようなどと思い悩んではいけないのだ。（キリスト）

7月4日　天は人の上に人を作らず

西暦一七七六年の今日、アメリカ*が独立を宣言し、共和国を打ちたてた。政治制度は我国とは異なっているが、個人の平等を認めているところは大いに参考になる。「天は人の上に人を作らず」という。人は天の前ではみな平等。社会に上下の別があるのは、国によって統治のために必要な場合もあろうが、天を前にして人の区別はない。人それぞれに使命が与えられており、どのような立場にあっても、天のために己の分を尽くすのが人間としてのつとめである。

あがりたり又おちぶるる物と知り

つるべの水もむざ＊＊と使ふな

＊　イギリスの植民地だったアメリカの13州が、1776年にイギリスとの戦いに勝って独立を宣言した

＊＊　むざむざと、考えもなくやすやすと

7月5日　疑い

「＊瓜田《かでん》に履《くつ》を納《い》れず、李下に冠を正さず」という。疑いを招くようなことはすべきではない。だが、そうはいうものの、人のふるまいが怪しくみえても、じつは清廉潔白の場合もあるということを忘れてはならない。

女郎花《おみなえし》多かる野辺に宿りせば
　＊＊あやなくあだの名をや立ちなん

池水によなよな月は通へども
　影も止《とど》めず跡ものこさず

＊　スイカ畑で靴をなおしたり、スモモの樹の下で帽子をなおしたりなど、疑わしい行動はするなということわざ

＊＊理不尽にも、浮き名が立ってしまうだろうか（女郎花という花の名に「女郎」という文字が入っているので）

7月6日　初心

進歩するためには、たゆまぬ努力が不可欠だ。動植物の進化を見ても、途中で途切れているという例はきわめて少ない。一度決心しただけでは進歩がおぼつかないと思えば、毎日毎日、決心した日の初心の心持ちを思い起こし、あらたに決心をしなおせばよい。

掃けば散り払へばまたもちり積《つも》る
　人のこころも庭の落葉も
払はずば心のちりも夏くさの
　茂るままにや埋《うず》みはてまし

7月7日　天体

地上でばかり齷齪《あくせく》していないで、時には目を空に解き放ってみよう。太陽や月、それに星たちは焚き火や電灯の代用品ではない。日が照ると暑いとか、雲がかかれば寒いとか、月が出れば明るいなどと言うだけで、それ以上の思いがないのでは寂しいではないか。たまには天体が語りかけてくる声に耳をすまそうではないか。

たなばたのまれの契《ちぎ》りは名のみにて
　つきぬまことの悟《さとり》とぞ聞く*

明治天皇御製

天《あま》の原満ちたる星の影消えて
　月の光になれる空かな

* 真の心の悟り

7月8日　敬う

一　自分を敬ってくれる人がいれば、自分のほうはもっとへりくだって、その人を敬うべし。ただし、どんなに敬っても、こちらが身分が上だという雰囲気が滲みでて、驕《おご》った気持ちが間々出てしまってはみっともなく、残念だ。たとえ人からはさげすまれ、軽く扱われても、我が道を信じ、礼儀を忘れなければ、やがて人格が輝き出て、人に敬われるようになるだろう。（北条時頼）

7月9日　心の底力

物差しで子の身長をはかり、体重計にのって病後の体重をはかっては日々の進歩を喜ぶ。それなのに、身に苦労や苦悩が積み重なってくるのを嫌がるのはなぜだろう？　心の底力をはかる絶好の機会なのに。困難が襲ってきたら、これで十キロ、これで二十キロと、耐える力をはかる道具だと考えるのだ。おもしろいではないか。

うき事のなほ此上《このうへ》につもれかし
　限りある身の力試さん

7月10日　外見

外見を綺麗にしようという気持ちは、適度であれば礼儀作法だ。すぎれば贅沢や虚栄となり、身を滅ぼし、社会を乱すことになる。衣服はそれぞれの立場相応、いやむしろそれより控え目にするのがよい。また、衣服によって人を判断することは、ぜったいにやめるべし。

破れたる着物をきても足ることを
知れば*襤褸《つづれ》も錦なりけり
虎の絵を画《えが》けど骨はえがかれず
面《おもて》は知れど心知られじ

＊ ぼろぼろの服

7月11日　高く、低く

むかしギリシャのある天文学者は、星の観測に夢中になり、自分の足元を忘れて溝に落ちたとか。

ふるまいは常識の範囲を出ないのがよい。足は地を離れないで歩くのがよい。だが、思いは地上の泥土にとらわれることなく、天空に飛翔するのがよい。高く大きな思想を、低く小さな言行にあらわすのである。

雲よりも上なる空に出《い》でぬれば
雨の降る夜も月をこそ見れ

7月12日 和して同ぜず

逆境になっても迷うことなく、悪友の間にあっても惑わされず、はでな連中と付き合ってもうわつかない。そんな堅い意思をもってこそ真に賢い人である。周りに合わせるのは簡単で、小者にでもできる。大人物は和を乱さないが、流されはしない。独立独歩とはそのような態度のことである。

水鳥は水に棲《す》めども羽《は》も濡れず
海の魚《うお》とて汐《しお》の染まめや

＊　塩が染みこむだろうか

7月13日　落ち着き

昔ある人がふと鏡を見たところ、自分の頭がない。びっくりして国中を探しまわったがどこにもない。疲れ果てて家に帰って、もう一度じっくり見たところ、頭はもとどおりそこにあった、という話が経文に書かれている。異常事態が生じたとき、動転するとあたりまえのことが見えなくなり、心が惑いみだれるものなので、何があっても驚かず、落ち着いてじっくりと考えること。これは普段から心がけておくべきことだ。

(向月庵桃二)

7月14日　去る者は日々にうとし

ことわざに「去る者は日々にうとし」という。遠くの友人は今ごろ何をしているだろう？　病気になどなっていないだろうな。厄介事に煩《わずら》わされてはいないだろうな。ずっと会っていない幼なじみ、小学校時代の同級生のこともほとんど忘れかけていた。かたく友情を誓い合った人もいたのに。

*埋もれぬ名だに残らばよしやただ
**誰《た》れかは苔《こけ》の下の朽ちざる

* 名が埋もれないでただ残っているだけでよい
** 苔の下で朽ちてしまわない人はいない

7月15日　盂蘭盆

今日は*盂蘭盆《うらぼん》。

「以心伝心」というのは、死者と生者の交流のことだろうか。思い出は、あの世とこの世をつなぐ細い一本の道だ。生者が思い出せば、死者もよみがえる。想わなければ、生きていても死人とかわらない。

思ひ入れば人も我が身も余所《よそ》ならず
心の外《ほか》に心なければ
亡きつまのかたみの剣《つるぎ》とり出《いだ》し

ひとり泣く夜に村雨《むらさめ》のふる

＊　7月15日を中心に7月13日から16日の4日間に行われる仏教行事。父母や祖先の霊を供養する

7月16日　自由善行

親、兄弟、主人、先生、友人などの指図をうけている間は、ただうっとうしく感じるだけで、この指図が最大の教育であることに気づかない。そこで、一日でも自分勝手に動ける日があれば、そのとたんにはめをはずす者がとても多い。自由のすばらしさは、他人の命令を待たないで、自らすすんで善をおこなうというところにある。

7月17日　心の奥の院

人はそれぞれ心の奥の奥に中心点がある。そこに、その人が拝む神が安置されている。生きていく中で一歩も二歩も三歩も人に譲るのはよいが、もしも人がこの心の

奥の院にずかずか踏み込んでこようとすれば、玉垣*まではゆるしても、本尊だけは命にかけても守らねばならぬ。

皆人《みなひと》の詣《まい》る社《やしろ》に神はなし
　心の中に神はまします
**千早振《ちはやぶ》る神の社《やしろ》は我が身にて
　出《い》で入る息は外宮《げくう》内宮《ないくう》

* 神社などの垣根
** 「神」の枕詞

7月18日　母の愛

母の愛ほど神の愛に近い愛はない。いくら年をとっても、幼いときの純真な心に呼び戻してくれるもの、ほんとうの愛情を感じさせてくれるのは母の愛である。いやなことばかりが起きて、神にも仏にも見捨てられたと絶望しても、母の心だけは疑えない。親を思う子の心より、子を思う親心は強いもの。この思いを汲みとるのが

〈孝〉である。〈仁愛〉〈慈しみの心〉のおおもとはそこにある。

何事も偽《いつわり》多き世の中に
　子を思ふのみぞ誠なりける
無き親を思ふ思ひを有りし世に
　もたばや今の悔や無からん

7月19日　孝の一字

たとえ大きな過ちではないにしても、目前のわずかの楽しみに目をくらまされて、自分でも正しくないと思っていることを行ったり、口にしたりすれば、大切な父母の霊も安らかならず、そんなことになれば〈孝〉にそむくどころか、どんな顔をして先祖や父母の墓に詣《まい》ることができようか。（大国隆正＊）

＊　江戸時代後期から明治時代初期にかけての国学者、神道家（1793－1871）。平田篤胤《あつたね》の門下生

7月20日　無知の知

知識には限りがあり、その道の大家といわれるほどの人でも、自分の専門内のことで知らないことは多い。頭脳明晰な人は一を聞いて十を知るだろうが、十を知れば知ったで、たちまち知らぬことが百出てくる。自分は何も知らないということを知るのは、最高の知識である。

知らざるを知らずとするを智者と知れ
知らぬを知ると思ふこそ無智

7月21日　蟻の一穴

磨きなば磨いただけに光るなり
*性根玉《しょうねだま》でも何の玉でも

* 心という玉でも、どんな玉でも

大きく見えて必要ないものもあれば、小さくても必要不可欠なものもある。必要かどうかは、大きい小さいには関係がないので、きちんと見抜く眼力が大事だ。重要だと思ったら小さいものにも注意をそそげ。どうでもよいことだと思ったら、大きなものでも切り捨てよ。

千畳の座敷持つとも如何《いかん》せん
唯《ただ》寝どころは一畳ですむ

千丈の堤《つつみ》をくずす蟻《あり》の穴
心用ひてはやく防げよ

7月22日　心の置き場

心に病があれば、体がどこに転地療養しても治らない。逆に、色んな場所に病を広めるおそれがある。住居を変えるのではなく、心の置き場を変えなければならない。

波*の音聞かずと山に入《い》りぬれば
苦は色かふる松風のおと

其の侭《まま》に心ばかりを住みかへよ
やまも浮世の外《ほか》ならばこそ**

* 波の音が聞こえなくてよいからと山に入ったら、うってかわって松風の音が苦になる

** 山奥も浮世の外ではない

7月23日　心を整える

品行方正はけっこうなことだが、それがすべてではない。行動が正しいのは外面的なことであり、行動を生みだしている心のほうをきちんと整えないことには、形ばかりのものに終わってしまう。行儀も作法も、歩くのも話すのも、舞うのも踊るのも、すべて心より出てくるものでなければならない。

澄ませども浅き瀬に立つうは浪《なみ》の
しづめ難きは心なりけり

染*めばやな心のうちを墨染《すみぞ》めに
ころもの色は兎《と》にも角《かく》にも

＊　染めたいものだ

7月24日　友情

いっしょに酒を飲み遊びにいく仲間は、つねひごろ肩を組んだりして、「オレたち親友じゃないか」などと調子がよいが、平和なときに別段何ら自分の至らない部分を補ってくれるわけでなく、何か厄介事が生じたときに救ってくれるわけでもない。このような者どもにはなるべく会わないようにし、付き合うにしてもガードを固くし、じゃれあって朱にそまぬようくれぐれも注意すること。そのような者を正しい方向へと導き、武道や学問の道へと誘い込むことこそ、友情というものだ。

（橋本左内）

我目《わがめ》から人のあらめが見ゆるとも
　言はぬがひじき＊法《のり》の友だち

＊　おそらく「聖《ひじ》き」のつもりであろう。「徳のある」という意味と、海藻の「ひじき」をかけている「法の」は「心正しい」という意味と海藻の「海苔」の地口

7月25日　そしり

やたらに他人の悪口を言うのは無責任きわまりない。誰それの顔が悪いと言っても、顔が変わるわけではない。服が似合っていないと言っても、服の柄が変わるわけでなし。誰それのふるまいがひどいなどと陰口をきかないで、面と向かって注意してやればよい。誰それは性格が悪いなどと言うまえに、育った環境を調べてみれば、自分のほうが恥ずかしくなることだろう。

我れ人をそしるにつけて人もまた
我れをそしると兼《か》ねて心得

7月26日　今の只今

理想的な状況は遠い先にあるのではなく、いつもすぐ近くにある。大事業も、今日の今からはじまる。すばらしい思想も、この今の瞬間に誕生しようとしている。大きな決意を実行するのに、明日まで待っていてはだめである。

いつの時いつの月日と思ひしに

今年の今日の今の只今《ただいま》

7月27日　おめでたい人

熊沢蕃山は元禄四年（西暦一六九一年）の今日、古河《こが》のいなかで七十三歳で死んだ。*

かつてこのように言ったことがある。

人が自分を褒めていると耳にはさめば、まったくの買いかぶりでも喜び誇り、自分が悪く言われていると聞くと、心当たりがあればびっくりし、なければ怒る。過ちをごまかし、悪いところをそのままにして改めるということをしない。皆に人柄を知られ、根性が腐っていると噂されているのに、うまく隠していると自分では思っている。自分の欲望が絶対で、忠告されても耳をふさいで聞かない。

*没日は元禄4年8月17日の間違いか

7月28日　食べ物

今日も、きのうも、おとといも、ひもじい思いをせず、日々食事をすることができた。世間には味噌汁の一杯、一膳の飯も得られず、親子ともども餓死する人もいるのに、自分はなんと幸せなんだろう。これも、お百姓が炎天下、泥にまみれて働いてくれているからだ。コメの一粒一粒が苦労の結晶。我が家に余っている食べ物も、粗末にはできない。

食に飽く身の幸ひを悦びて
　　　　饑えに苦しむ人を憐れめ
今日もまた御飯に不足なきにつけ
　　　　野らに働く人をうやまへ

7月29日　恥晒し

恥を知らない者は人間ではない。人の恥を暴いたり、恥を知らないのかと責めたてたりしても、己《おのれ》が神の前に正座させられたら、さあどうであろうか？　自らを恥じる思いのある人は、人の恥を晒《さら》すようなことはしないものだ。

人知らぬ心に恥ぢよ恥ぢてこそ
　遂に恥なき身とぞなりぬる

7月30日　無題

明治天皇御製

人はただ誠の道を守らなん貴《たか》き賤《いやし》き品《しな》はありども
我が心いたらぬ隈《くま》もなくもがな此世《このよ》を照す月の如くに
鬼神《おにがみ》も泣かするものは世の中の人の心の誠なりけり
よきを取り悪しきを棄《すて》て外国《とつくに》に劣らぬ国となすよしもがな
子らは皆戦《いくさ》の庭に出《い》ではてて翁《おきな》や一人山田《やまだ》守《も》るらむ
大空に聳《そび》えて見ゆる高嶺《たかね》にも登れば登る道はありけり

7月31日　人との交わり

人との交わりはもっと簡素にしたい。人を家に招待するのは、山海の珍味を見せびらかすためではない。家庭を料理屋にしようなどというのは浅はかだ。貧富賢愚すべての人がお互いの立場の違いを忘れてうちとけるのが、真の交わりというもの。どんな会でも、服をひけらかしたり、飲食自体が目的なら、着飾った者がただ意味なく雑多に集まっているにすぎない。人との交わりとは、心おきなく話し合い、旧友との友情を温めなおしたり、新たな友との親交を深めたりするのが目的であり、服や食べ物なんぞはどうでもよいのである。

8
月

8月1日　負けて勝つ

どちらが勝ったのかと尋ねれば、賢い人と愚か者では答えが違う。バカと狂人は負けても勝ったと喜ぶが、賢い人は負けたような顔をしながら、じつは永遠に勝っているのである。

負けて勝つ心を知れや首引《くびび》*きの
　勝ちたる人の仆《たお》るるを見よ

＊　輪にしたひもを二人で首にかけて引っ張り合う遊び

8月2日　個々人

社会の現象は個人の行動の結果だとはいうものの、時として、大国の元首も、先進国の議会の決議も、社会に何ら影響をあたえられないことがある。このような場合に個人の責任がまったくないかというと、そうでもない。重大事件に遭遇してどの立場に就くか、重大場面に直面してどのようにふるまうか、重大問題についてどんな意見をもつか。個々人がそれぞれ責任をもって考えなければならないのである。

8月3日　忘るべからず

夏の日には自分の暑いことしか頭になく、人も暑いのだということを忘れ、避暑地に行っては都会で道路作業をしている人のことを忘れ、都会にとどまっても田舎で炎天下に田作りをしている人のことを忘れる。道路工事も田を作るのも自分たちのためにやってくれているのだということすら忘れる。

明治天皇御製

暑しともいはれざりけり煮えかへる
水田《みずた》に立てる賤《しず》をおもへば

8月4日　金や位は人ならず

本末が転倒することはよくある。月給や地位が上がれば人間そのものが上がったような気になる。名も金も〈末〉である。人が〈本〉なのだ。努力の結果として昇進するのは当然だが、昇進したがゆえに心が傲《おご》るとすれば、人間として堕落である。金や位は人ではない。金や位に心を動かされるのは、物に負けるのと同じである。

人多き人の中にも人ぞなき
人に為《な》れ人、人となせ人

8月5日　戦陣に思う

一　飯を食べるごとに、戦陣で食べる兵糧《ひょうろう》の粗末なことを思い、
一　衣を仕立てると、よろい兜《かぶと》の窮屈さを思い、
一　家をかまえると、戦陣での不自由を思い、

一　日常生活の容易さに、野戦の陣の苦しさを思い、父母や妻子とともに暮らし、兄弟や親族と行き来するにつけても、遠隔地に離れて過ごしたときの悲しみを思い出し、今の平穏無事なありさまに感謝するなら、どうして贅沢をしようなどと思うだろうか？

（徳川景山*）

＊徳川斉昭。江戸時代後期の大名、常陸水戸藩の第9代藩主（1800－60）江戸幕府第15代将軍・徳川慶喜の実父

8月6日　キリスト教

慶長十七年（西暦一六一二年）、キリスト教禁止令が出された。それ以降、何百人もの男女が十字架のために死をえらんだ。現在は信仰は自由である。それぞれ自由に神なり仏なりに帰依することができるのだから、他人の信仰を邪魔するのは国法の精神に反している。よって、各自がそれぞれの信仰を大事にし、模範的なふるまいをすることで、自らの宗教のすばらしさを示すべきである。

さまざまの教《おしへ》はあれど悪を止《や》め
善をするより外《ほか》に道なし

8月7日　最後の頑張り

同じ人が弱虫にでも、豪傑にでもなりうる。小物にも大物にもなることができる。人間だれしも必ず落胆し失望することがあるが、そんな時にたった一つ決心できるかどうかで決まるのである。最後の十五分まできて、もうダメだと倒れたなら、それでおしまいである。もうひと頑張りと思って立ち上がれば、後はしめたものだ。

弓も折れ矢もつきはつる所にて
*さしもゆるさで強く射て見よ
（**仏国応供広済国師《ぶっこくおうぐこうさいこくし》）

*　それでも（気を）ゆるめないで

**　高峰顕日《こうほうけんにち》。鎌倉時代の臨済宗の僧（1241―1316）

8月8日　色眼鏡

ものを見るのに色眼鏡を使うと、見ている間はおもしろいが、判断をくだすときには大きな過ちをおかす。憎悪や愛着を捨てさり、無私、不偏、公平、冷静に観察しないことには、物事の本質を見ることはできない。

見る毎《ごと》に皆そのままの姿かな
柳はみどり花はくれない　（一休）

8月9日　自分の荷物

たとえ苦しくても口に出してはいけない。顔に表してもいけない。荷物をかつぐ場合、二人いると都合のよい場合がある。三人必要な荷物、百人に分けなければならない荷物もある。しかし、私が天から授けられた荷物は、どんなに重くても他人と分けるとかえって重い。一人でかつぐと軽くなるのである。

重くとも我が荷は人にゆづるまじ
担《にな》ふにつけて荷は軽くなる

8月10日　心の番人

我が心は「ただこの道のみ」と決めておかないことには、戸締まりのない家の留守番をするようなもので、泥棒や犬があちこちから忍び込み、とても私一人では番をしきれない。また、家の番人なら何人でも人を雇えるが、心の番人は雇い人というわけにはいかない。

盗人も己《おの》が宝をとられけり
尋ねて見れば直《なお》き心を

（橋本左内）

8月11日　ただ現在のみ

ただ未来をあてにして人生設計するのは、時間というものを知らないのだ。未来は過去からはじまり、今日もその中に含まれる。未来をあてにしても、すぐに過去になる。

後《のち》の世と聞けば遠きに似たれども
　知らずや今日も其の日なるらん

今日見ずばくやしからまし山桜
　散りも始めず咲きも残らず

8月12日　運

運は天から降ってくることも、地から湧いて出ることもある。とはいえ、待っている者には来ないで、待っていない者のところに来る。地は耕す者にとっては豊かだが、なまけて秋を待つ者には実りをもたらさない。天は自ら守る者を守るのであり、お守りに頼る者は守ってくれない。

守るとは身を守るのが守るなり
　身を守らねば神も守らず

8月13日　豊臣秀吉訓

慶長三年（西暦一五九八年）、豊臣秀吉*が桃山で亡くなった。秀吉の教訓である。

一　欲を捨てよ　　一　女に心を許すな
一　人とものを争うな　　一　朝寝坊するな
一　何事でも人並みになれ　　一　将来のことを思って身をつつしめ
一　何事でも卑下するな　　一　物事は飽きずにやりぬけ

露とおき露ときえぬる人の世や
難波《なには》**のことは夢のまた夢

＊　戦国時代から安土桃山時代にかけての大名（1537－98）百姓から身をおこし、最後は天下人になった

＊＊　天下統一し、難波を都とし城を築いたこと

8月14日　親しき仲にも礼儀あれ

毎日そばにいると、お互いに慣れてしまってわがまま勝手にふるまう。夫婦の間でも遠慮は必要。親子の仲でも礼儀がなければならない。子は自分が産んでも自分の作品ではない。ましてや兄弟、夫婦についてはいうまでもない。毎日いっしょに暮らしている者に対して感謝と尊敬と悦びをもって接すべきなのに、逆にそれを遠くに求める者がいようとは。

妻こふる鹿ぞなくなる女郎花《おみなえし》*
　おのが住む野の花と知らずや
（小野美材《おののよしき》**）

＊　鹿は妻を恋しがって鳴くという。そのように君も女郎花を欲しがるが（花と遊女をかけている）、実は自分の家にいる女性こそ恋しがるべき人なのだ

＊＊　平安時代の貴族、文人、能書家（？－902）

8月15日　ナポレオン

西暦一七六九年の今日、ナポレオンが生まれた。この人から学ばなければならないのは意志の力である。意志あれば道あり。かたい決心の前には山もくずれ、川も干上がる。いばらの藪《やぶ》でもその気になれば道を作れる。真っ暗闇でも、心を落ち着けてじっくり見れば一筋の光明が見えるものだ。

後鳥羽天皇御製*

奥山のおどろ**が下も踏みわけて
　道ある世ぞと人に知らせん

＊　第82代天皇（1180―1239）。在位1183―98

＊＊　汚泥

8月16日　貧富平等

富の分配のしくみが適切でないから、金の使い方を知らない者が大金持ちであったり、金を活用する能力のある者が無一文であったりするのがこの世間だが、富を完全に平等に分けるのはむりにしても、せめて気持ちの上だけでも貧富の差をなくして、人と人との関係を物質的でなく精神的なものにしたいものだ。

*後土御門《つちみかど》天皇御製

いたづらにかかぐる窓の灯火《ともしび》を
蛍《ほたる》あつむる人に見せばや

＊第103代天皇（1442−1500）。在位1464−1500

8月17日　盛者必衰

栄枯盛衰は世の常のありさまにて、人生の法則である。ころんだ者は立ち上がる。

立ち上がった者はまたころぶ。倒れても勇気と忍耐でふんばれば、必ずまた立てる。これまた人生の法則である。

昇るかと思へばやがて降《くだ》り竜
　花火に似たる人の世の中
世の中は狂言綺語《きょうげんきご》と思ふべし
　昨日の旦那《だんな》今日の駕籠《かご》*かき

*　駕籠を担ぐ人夫

8月18日　仕事

何はともあれ、働くことこそが人の運命である。暑かろうが寒かろうが、その日その日の仕事にはげむよりほかに生きる道はない。たまの休みでさえ、稼ぎを補うためなら仕事をする日があって当然と思うべし。

福の神祈る間《ま》あらば働いて
　貧乏神を追ひ出《い》だせかし

苦は楽の種と思ひて稼げただ
身を楽にして苦をな造りそ*

＊　苦をつくってはいけない

8月19日　病気

病気ほど高くつくものはない。痛い目をして、お金を出して、親戚や友人にさんざん心配をかけて、これほど割にあわないものはないなどという。だが、これでは物事のマイナス面ばかりを見ることになる。病気にはそんな代価に見合うだけのプラスの面もある。必ず払った金額以上のものを得るものである。

いろかはる秋の菊をば一《ひと》とせに
再びにほふ花とこそ見れ

8月20日　好かれる人、嫌われる人

慶長十五年（西暦一六一〇年）の今日、細川幽斎*が亡くなった。

一　よく思われる人
　気がよくて、他人の噂をせず、ていねいで、情け深く、遠慮のある人

一　憎まれる人
　嘘をつき、他人の噂をし、おせっかいで、高慢で、自慢する人

一　成功する人
　早起きで、労を惜しまず、少食で、主君と親によくつかえ、健康に気をつける人

一　成功しない人
　夜遊びし、朝寝昼寝に遊び好き、引っ込み思案、油断が多く、根気のない人

（細川三斎《さんさい》**）

* 細川藤孝。戦国時代から江戸時代初期にかけての武将、大名（1534－1610）

歌に秀でていた。肥後細川家の祖

＊＊ 細川忠興。安土桃山時代から江戸時代初期にかけての武将、大名（1563―1646）。幽斎の子
肥後細川家の初代当主

8月21日　因果応報

因果応報ということは誰でも理屈では分かっているが、〈因〉と〈果〉の間の時間の長さは様々である。長いときもあるが、場合によってはすぐさま報いがくることもある。「報いなどあの世でのことさ」と知ったふうなことを言うのは、思慮がたりないのである。

報いをば目の前に見よ虫けらを
　取り食ふ鳥の鷹に捕らるる
草枯らす霜また今日の日に消えて
　物の報いはものにこそ有れ

8月22日　悪事

誘われて悪事に手をそめた人は、後々その罰を受ける段になって、最初に誘った人を恨み、誘惑した人だけが責めを負うべきだと言い立てるが、誘惑は強制ではないので、乗るか乗らないかは本人が決めることである。善悪を選んだり遠ざけたりすることは、誰にとっても自由である。悪事を勧められる間際に「いやだ」とはっきり言えばそれですむこと。

甘き毒くはせてくるる人はただ
後腹《あとばら》いたきときぞ恨めし

8月23日　力の善用

自分の力が人の役に立つと思えば、出しゃばりなやつだと笑われようと、ぜひともやるべし。自分の力を見せびらかすためならば、人に勧められてもやってはいけない。天が力をくださったのは、人のために尽くせという意味である。力は善用すればするほど勢いがつくもの。用いなければ次第に衰え、悪用すれば枯れ果ててしまう。

8月24日　気

安政六年（西暦一八五九年）の今日、大学者であった佐藤一斎*が八十八歳で亡くなった。その著書『言志録』にいわく。

人の心の本質は〈気〉が中心である。〈気〉は体を充たしている。物事を行うに際し〈気〉が導いていけば、全身がうまく動いてくれる。芸事や技能においても同じである。

地獄《じごく》餓鬼《がき》畜生《ちくしょう》阿修羅《あしゅら》仏菩薩《ぶつぼさつ》
**なにに成らうとままな一念

* 江戸時代後期の儒学者（1772－1859）
数十年にわたって書き綴った随想録である『言志四録』が有名

没日は安政6年9月24日の間違いか

＊＊　なにになってもいいという気持ち

8月25日

志

慶安元年（西暦一六四八年）の今日、＊近江聖人が四十一歳で永眠した。

まことなる志をば身をすてて
　もとむる名にしなぞらへて見よ

凡人は金や地位が精神の拠りどころなので、彼らの人生のすべてがそれを得ることと結びついている。金と地位のためなら命すら惜しくないと言わんばかりだ。この気持ちを〈道〉にふり向ければ、それこそが人間的成熟への志となる。ひとたびこの志に目覚めると、人として成熟することも難しくない。したがって志に目覚めれば、〈道〉を半ば行ったも同然なのである。

（中江藤樹）

＊　中江藤樹。江戸時代初期の陽明学者（1608―48）近江聖人と呼ばれて尊敬された。熊沢蕃山は門人

8月26日　大悪人

元和八年（西暦一六二二年）のこの日、＊山鹿素行《やまがそこう》が生まれた。この偉大な人物がいかに自分の短所をよく知っていてそれを直そうとしたか、次の一文からもうかがわれる。

私はきわめて利にさとい人間だ。だから私の言葉は情よりも理にまさり、ふるまいも合理性いってんばりだ。自分さえよければそれでよく、人を立てることを考えない。こんなに徳のない人間なのに、よき志は得たいと思う。このように、私は人を傷つけ、恥を後の世に残すほどの大悪人である。天が味方してくれないのももっともだ。つくづく考えこんでしまう。

＊　江戸時代初期の儒学者、兵学者（1622－85）。山鹿流兵法の祖　朱子学批判のため赤穂藩おあずけとなり、赤穂浪士を教育した。大石良雄は門人

8月27日　敬いの心

*貝原益軒《かいばらえきけん》は正徳四年（西暦一七一四年）の今日、八十五歳で亡くなった。敬いの心についてこのように説いている。

親しい人や目上の人を敬うのは当然のこととして、ゆきずりの人や、もの乞いの者についても、すべて天地が生んだ人間なのだから、それなりに敬いの心をもって接するべきである。憎んだり蔑《さげす》んだりしてはならない。親しい人か縁なき人か、地位のある人かそうでないかによって程度の差はあるが、どんな場合にも敬いの心を忘れてはならない。

＊　江戸時代初期の本草学者、儒学者（1630－1714）。『養生訓』の著者

8月28日　平等

西暦一八二八年の今日、平等主義を自ら実践したトルストイ*が生まれた。また明治

四年（西暦一八七一年）の今日は、戸籍の上で部落差別が廃止された日である。人を見たらこのように思いなさい。「この人も自分と同じ人間なのだから、親を慕い、子がかわいいだろう。世間によく言われたいだろうし、お金もほしいだろう」と。乞食も金持ちも、聖人も泥棒も人は人なので、人としての尊敬と同情とは等しく向けなければならない。

人なみの人とし人は思はずも
見る人々を人と見よ人

＊レフ・ニコラエヴィチ・トルストイ。ロシアの小説家（1828―1910）大きな領地を所有する貴族だったが、農奴を解放するなど平等主義を貫いた代表作は『戦争と平和』、『アンナ・カレーニナ』など

8月29日　一朝一夕

一朝一夕に手に入れたものは、一朝一夕に失う。立身出世もじっくりと腰を据え、基礎を固めながら得たものは永続する。長い間には自ら修練もし、一時の失敗に落

胆せず、一時の成功に誇らず、滔々《とうとう》と流れる大河のようなものとなろう。

流れては海となるべき谷川も
　しばし木の葉の下くぐるなり
吉野川その水上《みなかみ》を尋ぬれば
　*むぐらの雫《しずく》萩の下つゆ

* 野原や荒れた庭などに繁茂する雑草

8月30日　人の思い子

人に使われるときは、ただ機械のように働けばよいと思う者がいる。人を使う者も、往々にしてただ人を機械のように働かせればよいと思いがちだ。機械は時として壊れる。壊れると、機械を使用している者をも傷つけることが多い。何事にも心と情がなくてはすまない。

心せよつかふも人の思《おも》ひ子《ご》ぞ

我が思ひ子に思ひくらべて

8月31日　暑さ

暑い暑いと何度言っても涼しくはならない。夏に暑く、冬に寒いのは当たり前のこと。これが逆転したらそれこそたいへんなことである。夏に暑いから稲が実る。ありがたいと思ってしかるべきである。加えて、この暑い夏の日にさえ、炎天下でがまんして働いている人がいるのだということを、忘れてはならない。

明治天皇御製

重荷曳《ひ》く車の音ぞきこえける
照る日の暑さ堪えがたき日に

9
月

9月1日　四恩

よかれあしかれ、人間としてこの世に生まれたことを思えば、神に感謝しなければならない。幼いころ父母の温かい愛情に育てられたことを思えば、親兄弟に感謝しなければならない。今は学校に通って勉強していたり、安心して仕事についていることを思えば、国に感謝しないではいられない。よくよく考えれば、人生はありがたいものだ。

たまたまに人と生《うま》れて時《とき》の間《ま》も
忘るまじきは四恩《しおん》＊なりけり

＊人がこの世で受ける四種類の恩。天地の恩、国王の恩、父母の恩、衆生の恩

9月2日　形から入る

形ばかり整えて、その趣旨を理解しないのは、人を騙し、自分をも欺くものだ。袈

裟を着れば悟りをひらいたように思うのは、自らを欺くことはなはだしい。部屋に書物を積めばすぐ学者になった気分になるのと同じだ。

悟《さとり》をもひらかで山に入《い》る人は
　けだものとなるしるしなりけり

念仏を声たからに唱へても
　うはの空では寝言同然《ねごとどうぜん》

9月3日　敵を愛くしむこと

隣人を愛し、敵を恨むべしと世間で言われる。だが、私に言わしめればこうだ。君たちの敵を愛《いつ》くしみ、君たちを呪う者を祝福し、君たちを憎む者に親切にし、虐待や迫害する者のために祈るべし。このようにするのは、君たちが天にいます父にふさわしい子とならんがためである。天の父は善人にも悪人にも平等に日光をめぐみ、正しい者、正しくない者の上に等しく雨を降らすのだ。

（キリスト）

9月4日　実が入ると稲はうつむく

自分が成し遂げた事業は偉く見える。自分の経験した困難は大きく見える。これは他人の事業や困難については想像が及ばないからである。人の仕事をけなすのは、自分では仕事の経験のない者の悪い癖である。功ある人は自分の手柄を語ることなく、人の苦心をほめるものだ。

物事の目に立つことは悪しきぞや
　上手といふは音も香《か》もなし
実が入《い》ると稲はうつむく人は身が
　重うなる程のしあがるなり

9月5日　明鏡止水

上っては下るのが万物の運動法則。国に盛衰あり、社会に浮沈あり、個人には幸不幸がある。上っても油断したり安心したりしてはならない。下ったからといって失望し落ち込まなくてよい。上下浮沈などどこふく風とばかりに、明鏡止水*の心でいたいものだ。

満つるより欠くる習ひぞ円《まど》かなる
　一夜の月の影にても知れ
月だにもなほつれなしや出《いで》て入《い》り
　満ちては欠けぬ哀れ世の中
世の中は満つればかくるかく月の
　十六夜《いざよい》の空は人の身の上

＊　澄みきった静かな心境

9月6日　罪を負う

とかく他人に罪をなすりつけたがるのは人の性《さが》である。「家が傾いたのはお前のせいだ」と夫は妻をなじり、「こんなぐうたらになったのはあんたのせいだ」と子は親を責め、「自分が何もできないのは雇い主が悪い」と雇われ人は主人のせいにする。世間がこんな風潮なのに、人の罪まで自分ひとりの背に引き受けようとするのは、ほれぼれするほど男らしい。世間の人はいうまでもなく、友人や親族に疑われても口ごたえ一つせず、つらい世と人の恨みを一身に背負うのは神の業としかいいようがない。

身に負へる科《とが》は思はで主と親を
そしる人こそうたてかりけれ*

＊ 憎むべき存在だ

9月7日　立場

社会的地位が高いとか、家柄がよいとか、月給が上だとか、学識があるだとか、とかく世間の人が買いかぶりやすいものを持っている人は、自分で自分を買いかぶり、偉くなったような気分になりやすいので、自分よりも弱い立場の人に対して、とくにていねいに振る舞うことが肝要だ。人間ほんらい無一物、裸で生まれ、裸で死んでいくのだということを忘れてはならない。

位なき身をば疎《うと》むな公卿《くげ》高家《こうけ》
　四海兄弟《しかいけいてい》同じたねはら
誰《たれ》も皆人は裸で貴かれ
　それが生れの侭《まま》のもと値ぞ

9月8日　加賀千代女

安永四年（西暦一七七五年）の今日、加賀の千代*が亡くなった。わずか十七文字の中に深い人情を詠い込め、我々の気持ちを表現してくれた。

朝顔や地につくことを危ながり
朝顔につるべとられて貰い水
蜻蛉《とんぼ》つり今日はどこまで行ったやら
百なりや蔓《つる》一すじの心から**
一かかへあれど柳は柳かな

＊　加賀千代女。江戸時代中期、加賀の国出身の俳人（1703―75）

＊＊　繁茂している蔓も一すじの蔓からはじまっている

9月9日　仲違い

夫婦、親子、兄弟の間でも意見の相違があるのはやむをえない。人それぞれ物の見方が違うので、一人一人顔が違うように、考えだって違う。だから寛容の精神がかんじんだ。仲違《なかたが》いはさけるべし。家庭内で仲が悪いと個人が堕落し、一家が傾き、国の憂いにもつながる。

＊身代《しんだい》のふとき柱も不和合の
あらき風には吹き倒すなり

＊　大きな家の太い柱も

9月10日　あざみ草

さわやかな弁舌、美しい顔には騙されやすいものだ。同じことでも美人の口から聞けば耳ざわりがよい。刺があるのが分かっていても、バラの花は愛さずにいられないものだ。美が悪いというのではない。まことがあるなら、口下手よりも話し上手なほうがよいに決まっている。ただ、美が怖いのは、醜よりも、その中に偽りが隠れやすいからである。

　*あざみ草その身の針を知らずして
　　花と思ひし今日の今まで

* 刺のあるアザミ

9月11日　人たる道

天保十四年（西暦一八四三年）の今日、*平田篤胤が没した。

（神は私の神、私は神の人）

　神はよし神とあらずも我や人
　　**ひとたる道を好《この》まであらめや

（神は私の親、私は神の子）
神はよし祖《おや》とあらずも我や子の
　子たらん道を尽さであらめや
（神は私の人、私は人の人）
人はよし人たらずとも我や人
　ひとたる道を知らであらめや
（平田篤胤）

＊　江戸時代後期の国学者、神道家、医者（1776―1843）
＊＊　人としてこの道を好まずにはいられない

9月12日　使命

気に入ろうが入るまいが、自分一人の世ではないのだから、世のすべての人が何らかの使命をもって生まれ、使命を果たすために存在しているのだと信じなければならない。そう考えれば、A氏もB君もCさんもD嬢も、敵も味方もすべての人が、顔かたちこそちがえ皆同じ天の道の一部なのである。

*峯の松谷の柏木《かしわぎ》いかなれば
　おなじ嵐に音かはるらん
天地《あめつち》の一つ心を染め分けて
　**千草《ちぐさ》のいろに現はれにけり

* 松や柏といったら同じに聞こえるけれど、嵐の中でなる音はさまざまだ
** 多くの種類の草

9月13日　乃木大将

大正元年の今夜、乃木大将*夫妻が自害した。自害の是非はしばらく措き、二人のまごころは天地を揺らした。死んだからというわけではなく、生前の言行の正しさが証明されたからである。誠実さを欠いている人たちだったら、ただの笑い者になっただけだろう。死を説明するものは生である。生前の姿をよく見ないことには、死の意味は分からない。

* 乃木希典《まれすけ》。江戸時代末期から明治、大正時代に生きた軍人（1849－1912）

日露戦争の旅順要塞包囲戦の指揮をとったこと、明治天皇の後をおって殉死したことなどで有名。吉田松陰の一門であった

9月14日　心の闘い

慶長五年（西暦一六〇〇年）の今日、天下分け目の関ヶ原の戦い*があった。その後二百年あまり泰平の世が続いた。我々の一生にも、必ず、命を賭して戦わねばならぬ時がくる。その日は今日か、明日かと待つまでもなく、もうすでに眼前にせまり、時々刻々戦闘態勢が進められているどころではない。戦闘はすでに始まっているのだ。

＊　西暦1600年に現在の岐阜県不破郡関ヶ原町付近で、徳川家康率いる東軍と、石田三成を中心とする西軍の間で行われた戦い　徳川家康が勝利をおさめ、豊臣家滅亡への地歩を固めた

9月15日　実行吉日

これはよいと納得したことは、即刻、実行に移すのがよい。ためらっている間に決心が揺らぐ。よいことを始めるのに、日をえらぶ必要はない。よき事をおこなう日こそ、これ吉日。暦の吉日を待っているあいだに吉日は過ぎ去って、大凶の日だけが残るだろう。

明日よりはあだに＊月日を送らじと
　思ひしかども今日も空《むな》しく
明日といふ心にもののさへ＊＊られて
　今日も空しく暮れ果てにけり

＊　むだに
＊＊　遮られる

9月16日　天は公平無私

非は理に勝つことができない。
理は法に勝つことができない。
法は権に勝つことができない。
権は天に勝つことができない。
天は明にして公平無私である。

（楠正成）

旗文*

＊楠正成の家訓

9月17日　口を開けば腹わたが見ゆ

同じ過ちを犯しても、自分の場合には過った理由をあれこれ述べたてて弁護するが、それが他人の過ちだと自分以上の理由があったのだとは思わない。自分が金を惜しめば、その理由をくどくど説明して節約だなどというが、人が惜しんだ場合には、自分以上の理由があるのか尋ねもせず、さっさと「ケチ」呼ばわりする。

知らぬこと知った顔して云はしやるな　口を開けば腹わたが見ゆ

我が品を定むる人のをろかさを　思へばいかで人をさだめん

9月18日　敬意

とくに注意しなければならないのは、使用人の人格を尊重すべきことである。朝早くから夜おそくまで自分の時間がなく、食事のときでさえ落ち着いて食べることができず、休む間もなく機械のように働いているのだから、客のような扱いはできないにせよ、せめて言葉なりとも穏やかにして、敬意を表したいものだ。

わづかなる庭の小草《おぐさ》の白露《しらつゆ》を　求めて宿る秋の夜の月

庭*におふるちりちり草の露までも
かげをほそめて月ぞ宿れる

＊庭に生えるナズナ

9月19日　性欲

性欲は生きる者の宿命なので、まるっきり無視せよというのは不条理な要求である。よって、社会にはそれを満たす道もそれなりに設けられてはいるが、その道が広いと見るか、細いと見るかは別として、世間で容認されている道を踏みはずせば必ず罰せられるものだということは、きちんとおさえておく必要がある。

修行者《しゅぎょうじゃ》は男女のなかを遠ざけよ
火*には剣《つるぎ》もなまるものなり
いかばかり恋の山路のしげければ
入《い》りと入りぬる道を忘るる

＊「火遊び」の「火」

9月20日　愛とまごころ

権利と義務という考えかたは理屈としてはもっともだが、云うなれば人間の欲得を体系化したものにすぎない。社会は欲で繋がれているので、それによって交通整理するには便利な論法だが、夫婦、親子、兄弟、友人の間柄には、愛とまごころで代用させたい。

兄弟が田を分取《わけど》りの争ひは
田《た》分《わ》けものとや人のいふらん
親友の仲も互《たがい》に敵となる
欲ははげしき剣《つるぎ》なりけり

9月21日　良心

親戚、上役、友人がくれるアドヴァイスにも善いものと悪いものがある。たとえ好意から出たものでも、善悪の考慮なしに盲従してはならない。好意の助言に逆らえというのではない。自分の良心に従えということである。親の権威も良心の命令には勝つことはできない。

曳《ひ》かれなば悪しき道にも入《い》りぬべし
こころの駒に手綱ゆるすな

9月22日　心に照らす

自分の行いを評して世間並みだと思ったり、あるいは自分に劣った者と比較して、それほど悪いとは思わないものの、神や聖人と比べるのはおこがましいが、自分の心に照らして見てひどくまずい、ということに気づくことがある。この発見こそ、さらに大いなる発見へとつながる第一歩なのである。

人は善し己《おのれ》は悪しと思ふにも
何所《いずこ》も無為《むい》の住家なりけり

人を責め己《おのれ》をゆるす心こそ

凡夫《ぼんぷ》仲間の大馬鹿と知れ

＊涅槃《ねはん》。極楽のような場所

9月23日　己の胸に問え

人に誉められたら、一歩退いて、「自分はそれに値するだろうか」と胸に問え。心に恥じるところがあれば、褒め言葉に値する自分になるよう努めるがよい。人にけなされたら、一歩退いて、「自分はそれに値するだろうか」と胸に問え。自分の中にけなされる理由が存在しなければ、けなした者の不明を憐れみ、いつか目が開くよう祈ってやればよい。

今日ほめて明日わるく云ふ人の口
　泣くも笑ふもうその世の中　（一休）
たれこめて己《おのれ》にただせ世の中の
　ほめる言葉もそしる声をも

9月24日　天を相手にせよ

明治十年（西暦一八七七年）の今日、西郷隆盛*（南洲）が城山で戦死した。以下、西郷の言葉である。

〈道〉は天地ありのままの指針であり、人はそれに沿って歩むべきもの。ゆえに、結局は天を敬うことが人生の目的。天は自分も他人もまったく差別なく愛するので、自分を愛する心で人を愛さねばならない。

人ではなく、天を相手にせよ。天に対して自分のありたけを尽くせ。他人をとがめず、自分のまことが足りないのではないかと自問せよ。

* 江戸時代後期から明治時代初期にかけての武士、軍人、政治家（1828－77）
薩摩藩の下級武士の家に生まれたが、明治維新の立役者の一人となった
後に内乱を起こして敗北、自害した

9月25日　種まき

努力が実るかどうかは天にまかせて、自分はただひたすらその日その日の勤めを果たせばよい。思い通りの成果でなくても、失敗ではない。種をうえて一月で成長するものも、百年後に芽を出すものもある。人生ははてしない種まき。発芽も収穫も天の意のまま。

明治天皇御製

*むらぎもの心の限り尽くしてん
わが思ふこと成るも成らずも

＊ 五臓六腑

9月26日　侮るなかれ

小さいからと侮《あなど》ってはいけない。ばい菌ほど微細なものでも大なる人間を死に至らしめることがある。獅子も、体に侵入した虫によって倒される。「あれは子どもだから」、「これはただの女だから」などと軽んじて勝手放題にふるまうと、後々の災いの導火線に火をつけることになる。

小敵よ弱敵よとて油断すな
あなどる故に落《おち》をこそ取れ

9月27日　正道

商売にせよ、学問研究にせよ、会社づとめにせよ、仲間同士の競争なので、負けると無念だが、あくまで正道を歩むことにおいて人に負けてはいないという自信さえあれば、負けても悔しくもなく、恥ずかしくもない。

明治天皇御製
並び行く人にはよしや後《おく》るとも
正しき道を履《ふ》み*なたがへそ

＊　踏みちがえるな

9月28日　月とむら雲

自分を害する者がいても寛大に赦《ゆる》してやること。自分が相手の立場ならもっとこっぴどくやっつけるだろうなどと空想すれば、相手の力不足がかえって憐れに見えてくる。こちらは平気なのに、相手は自らまねいて手ひどい傷を負っているのだ。むら雲が月の光をさえぎろうとして果たせないと、月はそんな非力なむら雲のことを憐れに思うことだろう。

大空を照り行く月し清ければ
　くもかくせども光り消《け》なくに*
狭くとも住居《すまい》は足りぬ広くせよ
　おのが心を天土《あめつち》のごと
（敬信尼《きょうしんに》）**

＊　光が消えないのですよ
＊＊　平安時代の女官、藤原因香の母と伝えられているが詳細は不明

9月29日　人生、客人として処すべし

短気をおこさず心を穏やかにもち、つねに倹約に心がけて金の備えをすべし。倹約の仕方としては、不自由を忍べばよいのである。この世に客として招かれてきたのだと思えば、なんでも平気だ。朝夕の食事がまずくても、うまいといって食べるべし。客の身なので好き嫌いなどいえない。そうして一日一日のつとめを果たし、最後には子孫や兄弟にねんごろに挨拶して、娑婆《しゃば》にいとまごいすればよいのだ。

（伊達政宗）

9月30日　光陰矢のごとし

光陰矢のごとし。昨日まで青々としていた田も、今日はすっかり色が変わり、山の木の葉も風に乱れて、世はまさに秋の風情たけなわ。それにつけても、世のありさまはさておき、私のせまい交際範囲の中でも、変化を数え上げればけっして少なく

はない。

昨日見し人はと問へば今日はなし
明日また我れも人に問はれん

10月

10月1日　銭使い

天保六年（西暦一八三五年）の今日、天保銭*が鋳造され、明治三十年（西暦一八九七年）の今日、金本位制**が実施された。
金銭に淡白なのは誰しもほめるが、人からむしり取ったような金は湯水のように使っても誉めるにあたいしない。額に汗して金をかせぐにしろ、義理を欠いてまで貯める必要はない。

銭金《ぜにかね》はつかひ捨てるも白痴者《たわけもの》
　食はずに溜める人も馬鹿者

＊　天保通宝。江戸時代末期から明治時代にかけて日本で流通した貨幣
＊＊　国の貨幣制度の基礎を金に置き、金貨を基本的な通貨とする制度

10月2日　親子の愛

安政二年（西暦一八五五年）の今日、江戸で大地震があり、その際に藤田東湖*は母を救おうとして、自らが梁《はり》の下敷きになって死んでしまった。
親を思う子の気持ちにまさるものは、子を思う親の気持ちだという。お互いの思いやりがあってこそ、人間は万物の霊長と称されるにふさわしい。親子の愛は人類の愛の根源である。

明治天皇御製

　むらぎもの心つくして報いなむ
　　おほし立て**つる親の恵《めぐみ》を
たらちね***の親の教《おしへ》あら玉の
　　年ふるままに身にぞ沁《し》みける

* 江戸時代末期の水戸藩士で、水戸学の学者（1806—55）。日本中の尊王志士に影響をあたえた
** 「生ほし立つ」は古語で育てるという意味
*** 「母」の枕詞

10月3日　苦難

つらいと感じたときには、他の人もそれぞれにつらい思いのあることを忘れてはならない。天は決して自分だけに苦を与えるのではない。自分にあたる風は人にもあたり、自分を濡らす雨は、他の人をも濡らすのだ。

一筋にこころ定めよ浜千鳥
　いづくの浦も波風ぞ立つ

10月4日　智者

自信を持つのはよいことだが、他人はみな馬鹿で、自分だけが賢いと思うのは少々頭が足りない証拠である。誰からも学ぶことができるのが智者で、人を馬鹿扱いなどしないものである。

智慧ありと思へるちえにさへられて

あはれ誠のちえを失ふ
恐ろしき*鞍馬愛宕《くらまあたご》の天狗より
なお恐ろしき里の小てんぐ

＊　鞍馬山と愛宕権現には天狗信仰があった

10月5日　知る

知るは易く、行うは難し。とはいえ、きちんと知らないで行動してはならない。たとえば農業にしても、適切な時期に種をまき、草刈りをし、土を変えればよく実ることは誰でも知っているが、知っているばかりでそうしないことには何にもならない。また、その「知る」というのも問題で、時期について考え、土の変え方、鋤《す》き方、鍬《くわ》の使い方など、それぞれ詳細があり、実際にやってみないことには本当に知ることができないのである。　（*三浦梅園）

説く法《のり》に心の花は開けども
その実となれる人はまれなり

＊江戸時代の思想家、医者（1723-89）

10月6日 世辞

お世辞の上手な人には、つい好意を持ってしまうもの。英雄もへつらう者によって欺かれる。じっくりと考えないことには、甘い舌で溶かされてしまう。人の言葉をやたら疑うのはよくないが、話が嘘かほんとうかの判断はきちんとしなければならない。

くさの葉の露も光のあればとて
　玉＊といひては如何が拾はん
へんくつな人には味の有るものぞ
　へつらふ人に味はなきもの

（厳教＊＊）

＊　玉だといって拾うことはできない

＊＊　不詳

10月7日　道

安政六年（西暦一八五九年）の今日、橋本左内、頼三樹《らいみき》らが勤王論を唱えて処刑された。当時の、天下の志ある侍はまったく私心《わたくしごころ》がなく、ただ純粋に主義のために立ち上がり、生きるも死ぬも〈道〉のためという覚悟があったので、たとえ死んでも、まったく天をも人をも恨まなかった。権力にありつこうとか、個人の恨みを晴らそうとかの気持ちがないのが真の大物である。

吹き来《きた》る風にまかせてへだてなき
　海のこころの広くもあるかな

＊　頼三樹三郎。江戸時代末期の儒学者（1825―59）。頼山陽の三男

＊＊　江戸時代末期に流行した朝廷の復権をめざす思想で、尊王攘夷論ともいう

10月8日　常の鍛練

泥棒を捕まえてから縄を綯《な》うのは愚かだと分かっていても、実際にはみんなやってしまうこと。まさかのことが生じて慌てない人はきわめて少ない。日ごろ精神を鍛えているかどうか、そんなときに分かる。

何事も定業《じょうごう》なりという人も＊
まことの時は驚きぞする
世の常に工夫観念つとめなば
まことの時に心動かじ

＊ 何ごとも運命だという、悟りすました人

10月9日　心の修養

日ごろ心の修養のできていない人は、事がおきるとうろたえて対処できない。例え

ば火事のとき、日ごろの覚悟があれば動揺もせずてきぱきと動けるが、覚悟がないとただうろたえ、やみくもにおろおろするばかりだ。つねに精神修養していないと、いざというときに知恵も浮かばない。
（西郷南洲）

10月10日　上の徳

〈徳〉は無意識のうちに行っているというのが上である。〈徳〉だと意識して行うのは中、〈徳〉だからと、努力して行うのは下。〈徳〉を行ったと自慢すればそれはもはや〈徳〉ではない。親孝行や夫婦の愛情にも努力するのは、そうしないよりましだが、無意識のうちにそうなっているというのが最上である。

　うつるとは月も思はずうつすとは
　　水も思はぬ広沢の池
　主に忠親には孝をなすものと
　　知らでするこそ誠なりけれ

10月11日　馬鹿者

人が自分の悪口をいうのを聞いて、自分の至らぬところに気づけば、大きな拾い物をしたようなものだ。悪口が見当ちがいなら、そんなことを言う者が馬鹿まるだしというだけのこと。まともに馬鹿者の相手になるのは、その馬鹿者に輪をかけた大馬鹿者である。ただ馬鹿なやつだと憐れんでいればよい。

わがことを誹《そし》られつつも其の人に
ふびん加ふる人は仕合《しあはせ》

10月12日　旅の掟

元禄七年（西暦一六九四年）の今日、芭蕉が死んだ。芭蕉の旅の掟《おきて》に、このようなものがある。

人の欠点をあげることで、自分の長所を言ってはならない

人をけなして自分を誇るのはきわめて卑しいことだ
主のあるものは一本の枝、一本の草といえども取ってはならない
山や川、沼や湖にも主がある。つつしむべし
山や川、名所旧跡に親しみ、おとなうべし*
かってに自分流の名をつけてはいけない

* 訪問すべし

10月13日　戊申詔書

明治四十一年（西暦一九〇八年）の今日、戊申詔書*が下された。

現在、文明が日々発達し、東西の国々が助け合いながら進歩の恩恵にあずかっている。益々諸国との交わりを広め、友好関係を深め、ともに長く発展することを期したいが、めざましい進歩に寄り添って文明の恩恵にあずかろうとするなら、まず第一にわが国自身が発展する必要がある。戦後**いまだ日が浅く、各方面でゆるんだ箍《たが》をしめ直さなければならない。上下《しょうか》心を一《いっ》にして、実直、勤勉に仕事に

はげみ、信義にあつく人情の温かい世となし、華美をつつしみ、質実剛健をむねとし、放蕩《ほうとう》や怠惰を排して各自自覚をもって励むべし。

＊1908年10月13日に発布された明治天皇の詔書　＊＊日露戦争後

10月14日　非凡の人

腹がたつのには、当然の理由があるだろう。理由もなしに腹をたてるのは狂気のさたである。理由があって腹がたつのは普通の人。理由があっても腹をたてないのが非凡の人。かくありたし。

＊いかりをばしづむる時は世の海の
　浪風《なみかぜ》とてもいとはざりけり
心には怒り喜びあるとても
　深くたしなみ色に出《いだ》すな

＊いかに荒れていても気にしない（「怒り」と「碇」をかけている）

10月15日　人は機械に非ず

一つの技能を磨き上げ、専門の学問をきわめて、自分にはそれができるから十分だといってそこに安住するのでは、人間としての役目を捨てて、自らを機械に化すようなものである。機械になってはつまらないではないか。成熟した一人前の人間になりたいものだ。

世に出《い》でし甲斐こそなけれ類《たぐひ》なき
　人の人たる道を知らずば
身にもてる心の玉のくもりなば
　ふみ読む*業《わざ》もかひやなからん

（高見祖厚禅師**）

＊書物を読む甲斐がないだろう

＊＊江戸時代末期から明治、大正時代に生きた国学者（1843―1917）旧幕時代は熊本藩士で後に宮内省に出仕した。詩や書をよくした

10月16日　火の車

天から下ってくる禍《わざわい》は耐えやすいが、逃れるのはむずかしい。自分の身から出た錆《さび》は精神的にはこたえるが、根絶するのはいとも易しい。決心一つで根絶できる禍を、なぜ後生大事に持ち続けるのか？　さっさと禍の根っこを心の地盤から掘り起こし、できた空き地に善根を植え付けるのがよい。

火の車作る大工はなけれども
　身より作りて独り乗り行く

10月17日　天に宝を蓄えよ

地上に宝を蓄えてはならない。虫がくい、錆《さび》におかされ、盗人に奪われてしまうから。天に宝を蓄えなさい。虫がくうことも、錆におかされることも、盗人に奪われることもない。宝が蓄えられたところにこそ、君たちの心があるのだ。（キリスト）

10月18日　細心豪胆なれ

気が弱いと成功しない。肝っ玉をしっかりとすえればたいていのことには負けない。鬼が百人襲ってきても、平然と睨みつければ怯んでしまう。こちらが弱みを見せたところに図に乗るのが鬼の戦略だ。

　気は強く決心堅く欲薄く
　　こころは細く胆は太かれ

10月19日　金離れ

金と塵《ちり》は積もれば積もるほど穢《きたな》いというが、日ごろの生活で貯蓄をしないのがいさぎよい、などと豪語するのは思い違いもよいところだ。金に困って人に無心する乞食心がいかに穢いか、とくと考えよ。自分は金離れがよいなどと自慢して、後々子や孫が他人の厄介者になるようでは、個人主義も行きすぎだ。

我一人いさぎよき身と誇りはて
　のこる妻子を乞食とぞする

10月20日　商売

今日は〈えびす講〉*、すなわち商売繁盛を祝う日である。どんな業種であれ、商売が栄える基は勉強であるというのは、安政三年（西暦一八五六年）の今日亡くなった二宮尊徳**の教えである。

木こりが山奥に入って木を伐《き》るのは、材木が好きだからではない。炭焼きが炭を焼くのも、炭が好きだからではない。木こりも炭やきも、自分の仕事さえ勉強すれば、白米が自然と山に登ってくることを知っている。海の幸も里の野菜も、酒も油もすべて自分で山に登ってきてくれる。何ともうまくできた世の中ではないか。

（二宮尊徳）

* 商家に人を招いて、商売繁盛を祈って恵比須をまつる行事

** 江戸時代後期の農政家（1787－1856）

通称、金次郎。合理的な農業知識で、小田原藩、相馬藩、日光神領などの財政復興にあたった

10月21日　勤め

西暦一八〇五年の今日、イギリスの英雄ネルソン*が戦死したが、その間際に「私は自分の義務を果たした」と叫んだ。人間、なすべき勤めに際限はない。一つすんだかと思うと、次が待ち構えている。それを果たせばまた後がある。このように勤めは無限だが、ありがたいことに勤めがいくつも同時に来ることはない。ゆえに一つずつこなしていけば、やり残したことが多くあったとしても、天も人も責めない。

勤めてもなほ勤めても勤めても
　勤め足らぬは勤めなりけり

＊イギリスの海軍軍人・提督（1758－1805）。1805年トラファルガー沖海戦でフランス・スペイン連合艦隊を撃滅したが自身は戦死し、後に国の英雄として讃えられた

10月22日　清濁併せ呑む

心は寛大にしようと思えばいくらでも寛大になる。人をゆるす度量は、心がけしだいで広くも狭くもなる。世を渡るには、清濁併せ呑む、おおらかな心がなければ大きな仕事はできない。

悪しくともただ一筋に捨つるなよ
渋柿を見よ甘ぼし*となる

大空はただ我が心一つにて
月日も星もあらはれにける

*甘い干し柿

10月23日　傲慢

警戒すべきは心の傲慢である。少し学問をかじれば同輩が無学に見え、少し仕事をあたえられると同僚が馬鹿に見え、少し時流にのれば他人が時代遅れに見え、少し精神修養すれば世は修羅場に見え、少し油断している間に心はおごり高ぶる。

気もつかず目にも見えねど知らぬ間に
ほこりのたまる袂《たもと》なりけり

10月24日　人の恩

忘れやすいもの、それは人の恩である。自分が人のためにしたことは一つが十にも見えてしまうが、人が自分のためにしてくれたことは十あっても一としか数えない。だから、人は薄情だと恨みごとを言いながら、自分が薄情なことには気づかない。

世の中に人の恩をば恩として
我がする恩は恩と思ふな

10月25日　贅沢と礼儀

善はほんの僅かでも行うべし、悪はほんの少しでも行うべからず、というのは昔の人のよき戒めである。平生からそのように心がけたいものだ。若いときの油断はすべて老いてからの後悔となる。恐ろしいことだ。倹約につとめるいっぽうで、ケチになってはいけない。礼儀をおこたらないいっぽう、贅沢になってはいけない。ケチと倹約、贅沢と礼儀は紛れやすいので、きちんと区別してもらいたい。

衣服や道具の類《たぐい》に美を求めるのは世間一般の風潮だが、自分の心の見苦しいことには平気である。あさましいことだ。

（中井竹山）

10月26日　時間

いつも同じリズムを刻みながら狂いなく進んでいくもの、それは時である。若者が年齢で老人を追い越すことはできない。これほど一定不変のものがあるだろうか？

昨日の高官も、今日は任をはずれて後進に道をゆずる。大作家の筆も鈍り、弟子が師をしのぐ大傑作を書く。徳高き仙人も、ひとたび心が乱れると天から落ちる。この世で最小の者が、天国に行けば高位にのぼるだろう。

*末の露もとの雫《しずく》や世の中の
おくれ先だつためしなるらん

＊葉先の露も根元の露も、早い遅いはあってもやがて消えてしまう。世の中のものごとも同じだ

10月27日　一日の仕事

為すべきことは山のように積もっても、一年間の仕事を一日ですます力もなければ、その必要もない。人はただその日その日の義務をきっちりこなせばそれでよい。一日の仕事が百年の基礎を作るだろう。一粒の米が一万石の米を約束するように。

さしあたる事より外《ほか》を思ふなよ
是れを思ひの位とは云ふ
今日を限り今日を限りの命ぞと

思ひて今日の勤《つとめ》をばせよ

10月28日　忠と信

一　〈忠〉は主君につかえる道であり、かつ親友と交わるに嘘がなく、信義を破らないことである。〈忠〉とは「己《おのれ》を尽くす」こと。例えば、主君に仕えて死ぬことも、親友の信頼にこたえるのも、「己を尽くす」ことにほかならない。真の武士は己を知る者のために死ぬと言われるが、これこそまさに〈忠〉である。

一　〈信〉とは何事においても偽りなく、嘘を言わず、まことを何よりも重んじることである。天皇から庶民にいたるまで、〈信〉あれば人は従い、〈信〉なければ人は背く。いかなる身分の者にせよ、〈信〉を失ってはならない。　（林子平）

10月29日　世辞追従《ついしょう》

いい加減なお世辞は聞いていて空々しいが、まごころのこもった忠告よりも耳に入りやすい。おべっかは最初のうち不快だが、徐々に自分からそれを求めるようになり、それなしでは物足りなくなるものだ。心が嘘に慣れるのは、体が寒暖に慣れるよりも早い。

偽《いつわり》のなき世の人の言《こと》の葉《は》を
　空に知らせて有り明けの月

10月30日　教育勅語

明治二十三年の今日、教育勅語*が下された。

学校を出ると教育勅語に接する機会も少なくなるが、老若男女を問わず時々再読し、父母に孝行、兄弟は仲よく、夫婦心を一つにし、友人とは信じ合い、慎みを忘れず、広く人を愛し、学問を修め、生業を学び、知性を鍛え、人格を磨き、進んで公のために尽くし、事業を広め、常に憲法を重んじ、法に従うという趣旨を噛みしめたいものである。

＊　日本の教育の基本方針を示した明治天皇の勅語。1890年10月30日発布

10月31日　天長節*

君が世は限りもあらじ長浜の
　真砂《まさご》の数は読み尽くすとも

祝祭はうっかりするとうわべの形式に流れるきらいがある。形を尊重するのは悪くはないが、それのみではまずい。このめでたい記念日に陛下のご長命をお祈りするに際し、身を清め心を潔《きよ》めて、天の恩恵と祝福が陛下に下されるよう心から祈念すべきである。

ふして思ひ起きて数ふる万世《よろずよ》は
　神ぞ知るらん我君の為
民安く国ゆたかなる御代《みよ》なれば
　君を千歳《ちとせ》と誰《たれ》か祈らぬ

＊一般に天皇の誕生日を祝う日のことだが、8月31日に生まれた大正天皇の祝賀は、暑さをさけて10月31日に行われた

11月

11月1日　己が非

心の法廷で自らに有罪を宣告した者は、広い世間を白昼堂々と歩いてもよい。それとは逆に、自分だけは無罪だと自慢するような者は、正しい社会に検挙されるおそれが大である。

人の非は知りやすけれど己《おの》が非は
　智恵も知ることかたしとぞ聞く
人の非は非とぞ憎みて非とすれど
　我が非は非とも知らぬ愚《おろか》さ

11月2日　教えるときは学ぶとき

人から何かを学ぶときは、自分はまったく何も知らないという心がまえでのぞむべし。人にものを教えるときは、自分が学ぶつもりでいること。いくら博学でも、物知りのような顔をしていると、道を学び、道を伝えるのに邪魔になる。

何事も我れ知りけりと云ふ顔は
　憎しと人のながめこそすれ
知る事を人に教ふる其の時は
　習ふが如き心してせよ

11月3日　醜い顔

腹をたてた顔ほど醜いものはないことを知れ。怒ったとき女や子どもが恐れるのを見て、自分に威厳があるなどと思うのは勘違いもよいところだ。顔色、表情ともに狂犬に似ているから、みんな避けているだけのこと。恐縮しているなどと思うのは度し難いうぬぼれだ。

限りなき腹たつことの有りとても
　色にもらして*声高うすな

* 表情に出して

11月4日　富と地位

富や高い地位は誰もがほしがるが、修養し徳をつんで得たのでなければ、その上に居座ってはならない。貧乏と低い身分は誰もがいやがるが、それにふさわしくない徳高き者がたまたまそれを得ても、とくに忌避することはない。（論語*）

貴きもまた賤《いやし》きも世の中の
人にこころの中《うち》にこそあれ

* 孔子の言行、孔子と弟子などとの問答、弟子同士の問答などを集録した書
四書の一つで、儒学でもっとも重要なテクストの一つであった

11月5日　かをりは一つ

思い思いというべきか、先祖伝来というべきか、菊はおよそ様々の色や形を競って咲き誇るが、互いに争っている風はない。それぞれ考えや好みが違っていようと、

争う理由など何もない。真面目で正直なら、必ずともに分かち合えるところが見つかるだろう。

さまざまの色をつくして咲く菊も
かをりは一つ庭の秋月
（白河楽翁）

11月6日　貧乏の元手

貧乏を嘆いて「収入が少ない、給料が上がらない、世も不景気だし」などと言う暇があるなら、むだな出費を省き、見栄をはるのをやめ、悪い付き合いを断ることだ。出口を細くすれば、入り口は広がるだろう。

貧乏の元手となるは色と酒
家業不精《ぶしょう》に欲とおごりと

11月7日　口は禍のもと

「口は禍《わざわい》のもと」というのは古くからの金言だが、これを忘れない人はいない。自ら確信していることなら、たとえ身を犠牲にしてでも、遠慮会釈なく主張すべきだ。あやふやなこと、とくに他人のプライベートに関わるようなことは軽々に口にしてはならない。

湧きかへる胸に剣《つるぎ》をおしあてて
　言ひたきことを暫《しば》し止《とど》めよ
かりそめの言《こと》の葉草《はぐさ》に風立ちて
　露のこの身のおき所なき

11月8日　追憶

昔を思い出す楽しみは、書画骨董や音楽の楽しみとちがって、道具もなしで楽しめる、じつに高尚な楽しみである。昔交流のあった友人、昔見た花、昔聞いた話、はては昔遊んだおもちゃまで、それからそれへと懐かしい連想がよみがえる。

年経ても如何《いか》で忘れん汲みて見し
　野中の水の深きこころを
いにしへの野中の清水《しみず》ぬるけれど
　元のこころを知る人ぞ汲む*

＊　もとが美しい湧水だと知っている人が汲む

11月9日　恥を知れ

人間はただ恥を知っていればそれでよい。恥を知らぬ人間には〈忠〉も〈孝〉もへったくれもなく、まるで頼りにならない役立たずだ。

恥ずべきことの第一。家に代々続いている専門職があるにもかかわらず、その職を忘れ果てるのは大恥だ。例えば僧なのに仏の道を知らないとか、医者なのに薬を知らないなど、大いなる恥辱である。自分のなすべきことをしないのに加え、しては

いけないことをするのは恥の上塗りだ。（津軽信明《のぶあきら》*）

＊江戸時代後期の大名（1762–91）。陸奥弘前藩の第8代藩主

11月10日　誠一つで四海兄弟

人種が違おうが、言葉が通じなかろうが、人と人のあいだで誠は通じる。金貨はどこでも通用するが、贋造《がんぞう》貨幣は長く使われることはない。誠実は世界共通のパスポート。これさえあればどこでも大手をふって歩ける。

誠ほど世に尊かるものはなし
誠一つで四海兄弟《しかいけいてい》

11月11日　礼

礼は相手の人格に対する尊敬が形となって表れたもの。中身のないうわべだけの礼は、相手を馬鹿にするものだ。また損得勘定でおこなう礼はへつらいであり、金の

前にひざまずくようなものだ。

善き人と知らば敬ひ慎みて
　その正直を習ふべきなり
人は人あくまで人を敬へよ
　かねや位はほどほどにして

11月12日　正義と恩

命を軽んじるのが勇気だと思うのは、命も勇気も知らないのである。命は重い。重んじなければならぬ。だが、命より重いものがある。正義と恩である。正義と恩に比べると、命は軽い。正義と恩のためにこそ、命を重んじなければならない。正義でもなく恩でもないことに命をなげうつのは勇気ではない。狂犬とおなじである。

恩のため捨つる命はかるからず
　外《ほか》のことには命捨つるな

11月13日　狭き門から入れ

狭い門から入るがよい。滅亡へと続く道は広く、その門も大きい。そこから入る者は多い。とこしえの命につながる道は細く、その門は小さい。この道を歩める者は少ない。

（キリスト）

11月14日　職務

自分の仕事を軽く見るのは、職業というものの重さが分かっていないからだ。広い世間には重要で大きな仕事がいくらでもあろうが、自分にとっては自分の仕事以上に重いものはない。一つの部署で働く会社員も、一つの家を取り仕切っている主婦も、一つの部屋を掃除するヘルパーも、店の店員も、レストランのボーイも、それぞれの職務に誠実であることは、社会に対して誠実であることだ。

後亀山天皇御製*

集めては国の光となりやせむ
　わが窓てらす夜半《よわ》の蛍は
後柏原天皇御製**
　卑《いやし》***きも我に勝りて送る日を
　なす業《わざ》なくば身を如何せん

＊　南北朝時代の第99代天皇（1350?－1424）。南朝最後の第4代天皇足利義満が提示した講和条件を受諾して、南北朝合一を実現させた
＊＊　室町時代、戦国時代の第104代天皇（1464－1526）
＊＊＊　身分の低い人がしっかりと日々を送っているが、仕事がなければ身をもて余すだろう

11月15日　天

絶対絶命の危機や不幸な状況は長々とひきずり、身も心もへとへとになる。もはや逃げるところも隠れるところもないと人生を投げ出したくなることがある。そんなとき、心静かに天をあおぐ。あるいは落ち着いて心で神に語りかけると、どこから

か、ふと慰めが湧いてきて、心が軽くなることがある。ふしぎだ。

霜枯《しもか》れと見しも恵《めぐみ》の露を得て
　緑にかへる庭の若草

11月16日　言葉はやさしく

一　言葉はやさしく誠意にあふれ、行動は迅速にして思いやりのあるのがよい。

一　善を見ては真似るべき法となし、不善を見ては避けるべき戒めとする。

一　怒りたくなっても、あとの面倒を思えば後悔するようなことはしない。欲が湧いても正しい道を思えば恥ずかしいことはしない。

一　倹約から贅沢に移ることは易しく、贅沢から倹約に入ることは困難。

一　木こりは山に、漁師は海に。人それぞれ自らの仕事を楽しむべし。（中根東里）

11月17日　慢心のかたまり

出世の先が見えたときは人生最大の危機。月給の増え始めは、おごり癖が芽を出す。名が売れ始めると慢心のかたまりとなる。人から誉められるようになると精神が怠ける。とかく時候の変わり目には風邪をひきやすいものだ。

世渡りは浪《なみ》の上行く船なれや
追風《おいて》よきとて心ゆるぶな

11月18日　打算

いざというときに正しい判断ができないのは、自分の利害を打算しているからだ。喩《たと》えていうなら、物を見るとき、光の前に立って自分の影で暗くするようなものだ。私利私欲を離れて判断すれば、たいていのことは迷わない。

我れとわが身をば心の縛り縄

解けて嬉しき広き世の中
われと云ふ人形つかふ者は誰《た》ぞ
事々《じじ》物々《ぶつぶつ》に気を付けて見よ

11月19日　実行

学問はあくまでも研究するのがよい。しかし、身の処し方、心の持ち方などはひたすら実行すべきことがら、研究に時間を消費するものではない。知ろうと思えばまず行動すべし。理屈を究《きわ》めつくして、しかる後に実行しようなどと思った日には、百年あっても千年あっても足りない。

月見んと思ふ山路を登りつつ
迷ふ麓《ふもと》に夜はあけにけり

11月20日　雨はやむもの

暗い夜もいつかは明ける。雨もいつかはやむ。苦しい境遇も永遠のものではない。ただし、日が昇っても目を開けなければ闇夜とかわらない。雨があがっても、いつまでも濡れた服を着ていては、降っているのと同じこと。暗いのを恐れぬ者、雨から逃げない者だけが、永遠に日光を浴びるのだ。

　ふりつもる雪に撓《たゆ》まぬ松が枝《え》の
　　心づよくも春を待つかな　（藤原良経）

11月21日　身を捨ててこそ浮かぶせもあれ

今日は一休を記念する日。一休は文明《ぶんめい》十三年（西暦一四八一年）の今日、八十八歳で亡くなった。

　雨あられ雪や氷とへだつれど

落つれば同じ谷川の水
大水のさきに流るる橡殻《とちから》も
身を捨ててこそ浮かぶせもあれ
あめあられ雪や氷もそのままに
水と知るこそとくるなりけり
奥山にむすばずとても柴の庵《いお》
心がらにて世をいとふべし

＊　橡の実の殻は「実」を捨ててはじめて浮くことができる
＊＊　融ける

11月22日　角一つあれ

世間に合わせるのはよいが、心の中でまずいと思っていることまで、これも世の習い、あれも社会の風潮だからと何でもかでも合わせてしまうと、「世間」の野郎にみくびられ、どこまでもつけこまれてついには奴隷にされてしまうから、注意、注意。

かばかりの事は浮世の習ひぞと
　ゆるす心のはてぞかなしき
おのづから角《かど》一つあれ人心《ひとごころ》
　あまり丸きはころびやすきに

11月23日　恵み

今日は新嘗祭《しんじょうさい》、新米の豊穣を神に感謝する日。毎日三度いただく食事はあたりまえすぎて、米一粒が神の恵みの結晶であることを忘れがちだ。穀物には天地の力がすべてこもっている。天の恵み、地のたまもの、人の働き、国の恩、あまりに多すぎて忘れやすい。

11月24日　富士山

宝永四年（西暦一七〇七年）の今日、富士山が噴火した。

あまりに巨大なものは普通の尺度では測れない。ゆえに凡人は偉大なものを見ても、偉大だとは思わない。小さな山しか見たことがなければ「来て見れば左程《さほど》でもなし富士の山」などと詠じるが、これはちょっと見の判断で、実際に登った者はこう言うだろう。

聞きしより思ひしよりも見しよりも
　登りて高き山は富士のね

11月25日　議会

明治二十三年（西暦一八九〇年）の今日、初めて帝国議会が招集された。物事に筋や道理が通っているかどうか、政策のよしあし、そして学問上の真偽は徹底的に、しかも冷静な頭で明晰に議論すべきである。しかし名誉や利害のからむ論争や、党派的な水掛け論や、権力争いの揚げ足取りなどは聞きたくもないし、そもそもやってほしくない。

仮の世の仮の宿のかり垣《がき》に

縄張《なわばり》をして長短《ながみじか》とは

11月26日　薄情

人の言葉は一々そのまま受け取るべきではないが、すべてを疑うのは、相手に信用がないというより、自分の薄情さかげんを示すことになる。心が鏡のように澄んでいれば、人の言葉の真偽も明らかに映るはず。やたら疑うのは、自分の心が曇っているからにほかならない。

さのみまた人の心を疑へば
我が偽《いつわり》のほどぞ知らるる

11月27日　礼儀

いかに親しい仲でも、友には友に対する礼儀がある。親しみのあまり礼儀を忘れては、よき友を失うことになる。いかに親子夫婦の間とて、尊敬の気持ちがないのはまずい。

なれなれていかに親しき中とても
　こころは常に礼儀忘るな

11月28日　親鸞聖人

弘長《こうちょう》二年（西暦一二六二年）の今日、親鸞聖人*が亡くなった。聖人の歌にこのようなものがある。

にせものは変り易きにかはらぬは
　まことの信の験《しるし》なりけり
誹《そし》るまじたとひ科《とが》ある人なりと
　わがあやまりは人に勝れり
このたびは迷い悟《さとり》の分けめなり
　あつささむさも厭《いと》ふべきかは
ひとごとにくせをば笑ふ世の中に

　**うらやむべきは念仏のくせ

＊　鎌倉時代の僧（1173－1262）。浄土真宗の開祖

＊＊　念仏を唱えるくせがあればすばらしいことだ

11月29日　毎日五分

西暦一五二九年の今日、中国の王陽明*が死んだ。王陽明は良知の道、すなわち私利私欲を去り、人間本来の理性を輝かせるべきことを説いた人。家族の団欒からしりぞいて一人きりになり、自分の心と交わるのは、金も時間もかからず、得るところの大きい嗜《たしな》みである。毎日五分あればできる。自分を咎め、自分を改め、自分を整え、自分を慎むのである。

独《ひとり》すむこころの月を詠《なが》むれば
　世の浮雲は目にもかからず
身の科《とが》を己《おの》がこころに知られては
　罪の報《むくい》を如何《いか》でのがれん

* 中国明代の思想家、政治家（1472―1529）。陽明学を打ち立てた

11月30日　思うまま

三度の飯さえこわいだの柔らかいだのと文句をいう。特注の品でさえ注文通りにはできない。物事は何一つとして自分の思い通りにいくものはない。いかに滔々《とうとう》たる大河でも流れるあいだに泰山にさえぎられ、望んだ通りには進めない。避けがたい状況を前にして、争う武器はない。大河は山麓をめぐり、小舟は葦のあいだを縫って漕ぐしかない。

明治天皇御製

何事も思ふがままにならざるが
*かへりて人の身の為にこそ

* そのことがかえってその人の為である

12
月

12月1日　欲

人が三つのものを求めてきたとき、二つを与えれば深く感謝されるが、相手はその尻から五つのものを要求し、そのうち四つに応じると、まだ一つ残っているといってひどく恨まれる。人の畑に恵みの種をまくと、収穫するのは恨みだと思うがよい。

思ふこと一つ叶へばまた二つ
三《み》つ四《よ》つ六《む》つかしの世や

人の欲譬《たと》へん方はなかりけり
富士の山にも頂《いただき》ぞある

12月2日　玉に瑕あり

どんな人でも、探せば必ずよいところが見つかる。欠点だけの人は存在しない。瑕《きず》のある玉はあるが、瑕ばかりなら玉ではない。完璧な美を願っても、美しい花でさえ何かしら言うべきところはあるのだから、人間にそれを求めても無駄というもの。

人を皆吉野の山の花と見よ

我れを難波《なには》のあしといふとも

12月3日　癇癪玉

怒って当然の人に向かって怒るのは、とりあえず仕方のないこととして、その怒りを無関係の人の上に移す者がいる。無思慮、大馬鹿を飛び越して狂っているとしか言いようがない。役所や店でけんかして、癇癪玉《かんしゃく》のみやげを家にもって帰り、何も知らない家族に当たり散らす。どこかで聞いたような話ではないか。

なぐるなら噛みつく犬を擲《なぐ》るべし

などか家なる猫叱るべき

12月4日　花に風

「食い溜め」をするとよく言うが、実はそれが役に立たないように、「心配のし溜め」もむだな苦労である。食事は腹が空いたときにするよう、時間をみてあらかじめ注文もできるが、世の中のことは予想通りにはいかないもので、あらかじめ心配してもむだになる。ただし、日ごろから消化器の点検は必要なように、日ごろから判断力を養っておき、いざというときに慌てないのが肝心。

世の中は月にむら雲花に風
おもふにわかれ思はぬに逢ふ

12月5日　仁

人を広く愛することで〈仁〉に近づく、という。「広く愛する」というのは、総じて世の人の交わりの、あるべき形である。たとえ悪人といえども、切り捨てようと思ってはならない。憐れみ、助ける気持ちを差し向けるべきであり、己が心の〈仁〉の徳を損なってはならない。〈仁〉に近づくのは、徳を高めることである。広く人と交わる中で、〈仁〉にして〈賢〉なる人を求めて、親しく交際すべし。

（*荻生徂徠《おぎゅうそらい》）

＊　江戸時代中期の儒学者（1666－1728）。江戸の人

12月6日　死

元禄十三年（西暦一七〇〇年）の今日、徳川光圀公が亡くなった。

今年もいよいよ歳末の近づいたことは誰しも気のつくところだが、自分の寿命が徐々に最後の日に近づいていくことにはまったく思いをはせない。だが、地位の上下、貧富の区別なしに、死神は我らをひとまとめにしてかき集めていく。死神の手がいつ自分に伸びてきても、それにきちんと向かい合う心づもりを持ちたい。光圀公の歌にこのようなものがある。

荒磯《あらいそ》の岩にくだけて散る月を

一つになしてかへる波かな
いつの年いつの月日のその時か
遂に我が世の限りなるべき

12月7日　よいこと

よいことなら、子どもの口から出ようが、物乞いが言おうが、憎らしい敵から伝わってこようが、耳を傾けてよく聞き、じっくり嚙みしめれば、聖人や賢人の金言と同じことだ。

言ふ人の体《たい》はし＊見るな兎《と》も角《かく》も
能《よ》きこと取りて我が徳にせよ
言ふ人の高き賤《いや》しきえらばずに
能《よ》き言《こと》の葉《は》は我が事にせよ

＊決して見るな。「し」は強め

12月8日　慈善

慈善を施したと思うのは大のあやまりである。当人がそう自覚していないのが、ほんとうの慈善。その人が意識しないところにこそ慈愛がある。施すと思ってすればもはや慈善でないばかりか、恨みを買うことすらある。

陰徳《いんとく》の報《むくい》を知らばまのあたり*
　蒔《ま》きたる種のはえるのを見よ
他《ひと》をめぐみ我を忘れて物《もの》ごとに
　じひする人を仁といふべし
（光広**）

＊　まいた種が生えてくるのを目の前で見てごらん
＊＊　不詳

12月9日　人の悪きはわがわるきなり

人の動機はなるべく好意的に解釈すべきである。証拠もないのに疑ってはいけない。人の言行を曲解するのは、その人に対して不親切であるばかりか、自分のためにもならない。罪ある人さえ赦すべきなのに、罪のない人のことを悪しざまに思うのは、自らの心を卑しくするだけのことである。

悪しきをも善しととりなす心こそ
まことの人*のしるしなりけれ
あながちに人をわるしと思ふなよ
人の悪きはわがわるきなり

＊まことの人であることをしめすものだ

12月10日　無窮の宝

たかが知れたこの世に、わざわざ争うほどのことはきわめて僅少。この上もなく貴いものが争わないでも手に入る。日の光も無償、月にも代価を払わず、花も皆のもの。子どもの笑顔、親の心、友の信頼、神の恩恵、仏のご守護はいたるところにあふれている。金銭と引き換えに得るものは、すべて価値に限りがある。金で買えない*無窮《むきゅう》の宝こそ求めよ。

　哀れなりたとへば思ふあらましを
　かなへたりとて幾程《いくほど》の身ぞ

＊ 永遠に朽ちない宝物

12月11日　人は仏

正保二年（西暦一六四五年）の今日、沢庵和尚が七十三歳で没し、明和五年（西暦一七六八年）の今日、*白隠和尚が八十四歳で亡くなった。白隠和尚の**和讃にこのようなものがある。

人はほんらい仏である。それは水と氷のようなもので、水がなければ氷はないように、人のほかに仏はいない。仏がそんなに近くにいるのに、遠くに求めるのは愚かなこと。水に浸かりながら喉のかわきを訴えるようなものだ。富貴な家の子どもになったのに、貧しい村に迷い込むようなものだ。

＊ 白隠慧鶴《えかく》。臨済宗中興の祖と称される江戸時代中期の禅僧（1686－1768）

＊＊ 仏徳讃美の歌

12月12日　道

〈道〉を説く人はいるが、知っている人は少ない。〈道〉を知っている人はいるが、実践する人は少ない。たとえ説くことはできずとも、知っているほうが、説ける者より勝っている。たとえ知らなくとも、それと知らずに実践している者は、知っているだけの者より勝っている。〈道〉を説くのはそれを知るため、知るのは、それを実践するためであるから、説いても知らないとすれば、説かないのとかわりがない。知っていても実践しないのは、知らないのとかわりがない。

（沢庵和尚）

12月13日　今が機会

行動すべき好機の到来をただ待っていることには意味がない。人を救うべき機会、善行をなすべき機会、悪を避けるべき機会、何か事業を始めるべき機会は、つねに鼻の先にころがっている。どうして明日を待つ必要があろうか？

徒《いたず》らに時運《じうん》を待ちて暮しつつ
　饑の境に近寄りにけり
散らぬ間に今一度《いまひとたび》も見てしがな
　花に先だつ身ともこそなれ*

＊散る前に死んでしまうかもしれないから

12月14日　法と正義

元禄十五年（西暦一七〇二年）の今日、赤穂義士*が亡き主君の恨みを晴らした。

正義と法は必ずしも一致しない。昔は正義を立てるために国法を犯し、死によって法の償いをした義士がいた。現在では、正義をねじ曲げてでも法の顔を立て、法をよりどころに命を長らえようとする者ばかりだ。ほんらい法は正義に寄り添い、正義によって修正されるべきものである。人は正義をもって法を守り、法によって正義を行わねばならないのだ。

＊元禄15年12月14日の深夜に、大石良雄に率いられた元赤穂藩の浪人たちが、かつての主君浅野《あさの》内匠頭《たくみのかみ》の仇を打つため、吉良《きら》上野介《こうずけのすけ》の屋敷に討ち入り、吉良および家人を殺害した。関わった47名の浪人のこと

12月15日　地金は必ず現れる

地金は必ずいつか現れる。どんなにメッキをぶ厚くしても剥げる時がやってくる。人も、地位や財産や学問でうわべを飾ることができても、品性がともなっていなければ学問や財産や地位でつくろった化けの皮がはげて、卑しい地金が露出する。どれほど隠しても人柄は出てしまうものだ。

わが心隠さばやとは思へども
　みな人も知るみな誰《たれ》も知る
山寺の鐘つく僧の起臥《おきふし》は
　しらで知りなん四方《よも》の里人《さとびと》

12月16日　縁

縁のきずなは時代をへるとともに、いよいよ長く強くなっていく。「一樹の陰一河の流れも他生の縁」などというが、同じ電車に乗り合わせるのも縁、同じ水道の水を飲むのも縁である。同じ市に住む人々はお互い快適に過ごすために公徳を重んじ、同じ車に乗る人々はお互いに席を譲りあったりするが、こうしたことも縁のきずなに結ばれているからである。

　かたきでも思ひまはせば憎からず
　　善きも悪きも縁と思へば

12月17日　光風霽月

一君子（すぐれた人格者）の意思は自己の内面へと向かう。たくわえた叡智を慎ましく内に秘め、自己の存在が人に知られることを求めず、ただ天地の神々へと心をはせる。その人柄は光風霽月《*こうふうせいげつ》のごとくすがすがしい。

（熊沢蕃山）

山深く何か庵《いおり》を結ぶべき
　心の中に身はかくれけり
神代《かみよ》とは経《ふ》りし昔のことならず
　いまも神代と知る人ぞ神

＊　さわやかな風と晴れた月のように、心が清らかでわだかまりのないこと

12月18日　衣服も皮も自分ではない

外に出ると、最先端のファッションで着飾った紳士淑女らと次々とすれ違う。では自分の姿はどうだろうと鏡に映してみて、恥ずかしく思ったなら、よくよく考えてみてほしい。衣服は自分ではない。皮も自分ではない。ただ心だけが自分なのだということを。

我が姿醜《みにく》かりとて恥《は》ぢなせそ
　こころ言葉を清く持てれば
みめあしく姿に花は咲かずとも
　心に実をば結べ世の人

12月19日　誠が主人

相手をうまく言い込めてやった、先方を上手にその気にさせてやったなどと、目先の知恵がまわるのを自慢する輩が多いが、知識や才能でこの世が治まるわけではない。〈才〉はあくまで召使、やはり〈誠〉が主人なのである。

才覚と智慧《ちえ》にて渡る世なりせば

盗人《ぬすびと》は世の長者なるべし
しりわくる心のうちの誠こそ
才智にまさる悟りなりけれ

12月20日　思い流す

いわゆるむら気な人は例外としても、誰しも気分の良いときと悪いときがあるもので、同じことについて今日と明日とで正反対のことを言ったりして、心変わりでもしたのかと疑いたくなることさえあるが、「なあに、天気の変わり目だ」くらいに思い流すのが、お互いのためである。

花となり針とはなれど花いばら
その心根《こころね》に二つやはある

12月21日　人の恩

記憶は自分の意思によってコントロールできる。人から受けた災いや、自分の罪深い過去や、目や耳をけがした言行などはきれいさっぱり忘れたい。永久に記憶にとどめたいのは、人から受けた恩や、見聞きした徳行である。

　　忘れんと思ふ悪事は忘れねど
　　　善き事のみぞ常に忘るる
明治天皇御製
　　慕はしと思ふ心や通ひけん*
　　　むかしの人ぞ夢に見えける

　　　　　　　　　　　　* 通じたのだろうか

12月22日　幸いなる人

憐れみの情のある人は幸いだ。その人は憐れみを受けることができるから。心の清らかな人は幸いだ。その人は神を見ることができるから。平安を求める人は幸いだ。その人は神の子と呼ばれるだろうから。正義を貫いて責められる人は幸いだ。天国はその人のものだから。

（キリスト）

12月23日　霊魂

霊魂は不滅かどうか。この問題はいくら議論してもきりがない。それもそのはず。これは論理の網の目にはひっかからない問題なのだ。あるいは山深く分け入り、あるいは広大な浜辺に立って、あるいは親の墓に詣でて、人間は一塊《いっかい》の土にすぎないのだろうかと、心静かに自らに問いかけてみればよい。おそらく論理以外の答えが見つかるだろう。

白波《しらなみ》もよせ来る方《かた》にかへるなり
　人の行くへを知るよしもがな

12月24日　一家団欒

この世で楽しいことは様々にあるが、中でも親子、一族がくつろいで、仲よくしているほど楽しいことはない。お互いに遠慮がない中にも敬愛する気持ちを忘れることなく、そのようにして甘い辛いをともにする親子や夫婦の間柄には、人間のもっとも素晴らしい本質が現れ出る。これこそが地上に天国を実現する近道なのである。日ごろ仕事が忙しい人も、ぜひ積極的に機会をもうけて一家団欒の幸福を楽しむべきである。

明治天皇御製

親も子も親しみかはし家の内の
賑《にぎわ》へるこそ楽しかりけれ

12月25日　天地神

「天に栄光を、地に平和を」というのは、キリスト生誕のときに天使が唱えた賛美の歌だとか。天はいったいどこにあるのだろう？　地はいったいどこにあるのだろう？　救世主キリストは我らの心の中に生まれたのであり、神のご意向は我らの胸の奥にひそんでいる。よって栄光も平和も、人それぞれの内を通らないでは外に流れ出ることはできない。ただ、我らはいまだにそれが自分のことだと分かってはいないのだ。ああ、無念！

12月26日　習慣

手足の動かし方、ものの言い方に人それぞれ癖があるように、考え方にも癖がある。まずいと思いながらも同じことを何度も考えれば、自然とそれが習慣となり、他のことを考えているときにも邪魔をする。最初は楽しみのように思っていた習慣も、後々亡霊のようにとりついて悩まされることがある。下り坂で荷車を引くのと同じで、最初は人が引くが、しばらくすると荷車が人を押し倒す。最初は酒を飲んでいるが、後々酒に飲まれるようになる。これも同じ理屈だ。

12月27日　貧しても鈍すな

貧乏に追いつめられると、苦しまぎれの悪知恵が湧き出し、人を騙したり脅したり、その他様々な策略をめぐらしたくなるものだ。そんなときが、いちばん貧乏の力に負けない工夫のひつような時である。つまり、貧乏神を抑えつけて、足の下に踏み倒すだけの気力がひつようなのだ。

貧乏の棒に我が身を縛られな
心きかしてふりまはすべし

12月28日　意志によりて天性を矯めよ

これは先祖からの遺伝だとか、先天的な性格なのでどうしようもないなどと言い訳して、自分の弱点を自ら許し、人からも許してもらおうという魂胆の者がいる。これほど先祖に失礼、自分に不正直なことはない。先祖が弱点を遺したなら、必ずそれと同時に矯正する力も遺してくれたはず。自分に正直な人間は、この力を用いるのだ。

短気なは生れつきぢやと思ふのは
よつぽど我が身勝手了簡《りょうけん》

＊でで虫のちつくり角《つの》を持つ故に
　早《は》や争ひのはしとなりけり

＊　でんでん虫はなまじ角など持っているからケンカする

12月29日　上にあがる人

西暦一八〇九年の今日、＊グラッドストンが生まれた。まごころで神と人と国に奉仕した人である。

ほんとうに人のために尽くしたいと思うなら、謙虚な気持ちで、人の下で働く心づもりが必要だ。人に使われて申し分ない人は、人を使うことができる。人の下にいることを厭わない人を、人は、人の上にあげようとするものだ。人が上げなくても天が上げる。天が上げなければ、喜んで下にいる。

人の上越したがるほど越されぬぞ
　下を行くときおのづから越す

＊　ウィリアム・ユワート・グラッドストン（1809―98）。イギリスの政治家

ヴィクトリア朝中期から後期にかけて自由党を指導し、4度にわたり首相を務めた

12月30日　顧みて恥なきか

今年起きたことで自分に関わりのあることを数え上げれば、たとえ事業に成功したにせよ、我が心を見つめると、意志の弱さ、行動力のなさに恥ずかしさを覚えるだろう。さらに、事業を成功させるに際して、つねに正々堂々としていたかと自問すると、答えに口ごもり、また恥ずかしくなるだろう。

何事もこころの中の誠より
　思ひ立てずば末は通らじ

12月31日　旧を捨て新に就かん

いよいよ今年も終わろうとしている。ここまでの十二か月間に何を成し遂げたかと独り静かに反省すると、去年と同じように、やはり後悔すべきことばかりだ。

徒《いたずら》に過ぎし月日のしのばれて
殊更《ことさら》をしき年の暮かな

とはいえ、「悔いる」は「改める」の出発点。来年の今日はまさか同じ後悔をくりかえすことはないだろう。新たな勇気と決意をもって新年を迎えよう。今こそ旧を捨てて新に就こう。

おわりに

明治、大正は、日本が奇跡のようなスピードで近代化し、国際的地位を高めていった時代だったが、本書の著者である新渡戸稲造はまさにそのような日本建設の立役者の一人であった。

新渡戸は幕末に武家の子として生まれたが、十代のはじめに英語を学び、ついで札幌農学校で農政学を学んだ。その後アメリカに渡り、専門知識を極めるとともに幅広く西欧文化を吸収し、帰国したあとは、当代随一の知識人として様々の大学の学長や教授などをつとめたばかりか、日本の顔として、国際連盟の事務次長にも任命された。

新渡戸稲造という名を世界に轟かせたのは、英語で書いた『武士道』の一著である。この本は出版されるとたちまち国際的なベストセラーとなった。開国以来わずか三〇余年にして、東洋の名もない小国から列強の仲間入りをはたした日本、それを成し遂げた日本人とは、いったいどのような存在なのか？　そんな疑問を解き明かす端正な名著を、世界は驚愕と畏怖のまなざしでむかえた。

西欧文化を高度に身につけた新渡戸であったからこそ、日本の伝統を見つめ、その骨組みたる武士的な人生観を客観的に眺め、説得力ある筆致で描くことができたのだろう。そんな新渡戸が、人生いかに処すべきか、いかにすれば心乱れることなく、恥じるところなき人生をおくることができるかを、今度は日本人にむけて著した。それが本書『一日一言』である。

この本には、日々一節ずつ読むことで、その日を生きる精神の糧となるような、簡潔ですぐれた文章や、味わい深い詩歌などが集められている。新渡戸自身が書いた文章や作った歌が中心であるが、ところどころに往時の武人や文人や僧などが残した奥深い言葉や、含蓄ある歌、それにキリストの言葉までがさし挟まれている。

手にとれば一目瞭然だが、珠玉の名言に込められたメッセージは現代に生きる我々にとってみじんも色褪せていない。原文は書かれてからほぼ一〇〇年の歳月がすぎ、現代の読者に意味のとりにくい箇所が散見するので、山本が現代の文化に合わせながら、近年の言葉にうつした。しかし原文の精神はいささかも損なわれていないことを信じている。

ここに日本精神の精髄がある。

２０１７年７月　山本史郎

後記。なお、本書の企画・執筆については、朝日新聞出版の齋藤太郎氏にひとかたならぬお世話になった。深い感謝の気持ちをここに記させていただきたい。

文庫版あとがき

新渡戸稲造の『武士道的 一日一言』というタイトルにことよせて、個人的な経験を一つ紹介させていただこう。

今から二〇年ほど前のこと、イギリスに一年ほど滞在したことがあった。帰国に際して乗っていた自動車を売ろうと思い、コミュニティー紙に広告を出した。さっそくイギリス人から連絡があって商談がまとまる。引き渡しの日時を数日後に決めたが、相手はその場で小切手を切って、私の手のひらの上にのせた。「もし私が持ち逃げしたらどうするのだ?」と冷やかし半分に尋ねると、「大丈夫、日本人はサムライだから」という返事がどすんと返ってきた。

そんな予想もしない言葉にびっくりしたことが、今でも鮮明に記憶に残っている。そして「サムライ」という語が英語の中に入り込み、日本人と結びついているということに、いまさらながらに感動を覚える。

森鴎外は小さいころに、「おまえは武家の子なのだから、いつでも腹を切る覚悟がなければいけない」と言われたという。

これは、どんな場面でも、最終的には自らの死で責任をとる覚悟で行動せよという厳しい戒めであることは言うまでもないが、それだけではなく、実は日々をよりよく生きるための知恵だったのではあるまいか。

＊　　＊　　＊

英語に〝The days are numbered.〟という言い回しがある。人が「死にかけていてもう先がない」というようなときに用いる。すなわち、死の日、その一日前、その二日前と番号付けられていて、今日につながっているという、とても実感のこもった、生々しい表現である。

だが、死が目前に迫った人だけがそうなのではあるまい。我々は生き物であるかぎり、一人の例外もなく、いつか必ず最後の日を迎える。そして、それまでの日は、一日一日と番号付けられている。

このように生命《いのち》の有限性を感じることにより、一日一日がいうにいわれず愛おしくなる。悪いこと、不愉快なことを考えている暇などない。人との何でもない出会いが、輝きを帯びてくる。人の親切や心遣いが心にしみる。

＊　＊　＊

新渡戸稲造の『武士道的一日一言』はこのような精神で書かれている。日々を新たにという気持ちを持つとともに、そんな新鮮な気持ちや感動を常に色褪せることなく心に持ち続けることができれば、もう人生に敵なしではなかろうか。

二〇一七年に本書の朝日新書版が出た。それ以来多数の皆様に手にとっていただいたが、より手軽なこの文庫版によって、さらに多くの皆様のお役に立てればと願っている。

二〇二一年八月　山本史郎

武士道的《ぶしどうてき》 一日一言《いちにちいちげん》

朝日文庫

2021年8月30日　第1刷発行

著　　者　新渡戸稲造《にとべいなぞう》
解　　釈　山本史郎《やまもとしろう》

発 行 者　三宮博信
発 行 所　朝日新聞出版
〒104-8011　東京都中央区築地5-3-2
電話　03-5541-8832(編集)
03-5540-7793(販売)

印刷製本　大日本印刷株式会社

Published in Japan by Asahi Shimbun Publications Inc.
定価はカバーに表示してあります

ISBN978-4-02-262054-5
落丁・乱丁の場合は弊社業務部(電話 03-5540-7800)へご連絡ください。
送料弊社負担にてお取り替えいたします。